管理必须作为人治、法
治和文治三个阶段，而转
化为管治是法治的必然
过程。

王利利

2011.2.8
于南宁

디테일
경영자만이
살아남는다

精细化管理

汪中求 吴宏彪 刘兴旺 著

Copyright © 2005 by 新華出版社

All rights reserved

韓文版許可 Dasan Books Co. Ltd. 独家出版

남다른 0.02를 찾아내는 진정한 창조 전략

디테일
경영자만이
살아남는다

왕중추, 우훙뱌오, 류싱왕 지음

허정희 옮김

Wang Zhongqiu

다산
북스

이미 훌륭하지만
조금 더 완벽함을 추구하는 정신

저명한 경제학자 우징롄 선생은 저장성 닝보에 있는 민
영기업을 살펴보고 나서 이렇게 말했다.

"기업은 앞으로 디테일화를 통해 철저한 발전의 길을 걸
어야 한다."

중국의 최대 부동산개발업체 완커 그룹의 왕스 회장 역
시 이런 말을 했다.

"지난 10년간 우리는 전문화를 통해서 성공을 거뒀다. 지
금부터 10년은 오로지 디테일에 정진해 승부를 볼 것이다."

디테일화는 새삼스러울 것이 없는 개념이다. '훌륭하지

만 조금 더 완벽함을 추구하는' 노력이 말하자면 디테일화다. 오래 전부터 뛰어난 업적을 남긴 많은 사람들은 이미 그렇게 해왔다.

다만 현대적인 경영이념으로 자리잡은 것은 1950년대 일본에서부터였다. 도요타 창업자의 조카였던 도요타 에이지는 2차 세계대전이 끝난 당시, 도요타가 맞은 위기를 돌파하기 위해 오랫동안 존경해왔던 포드에 합작 제의를 담은 서신을 보냈다. 비록 합작은 거절했지만, 그의 열정과 노력을 높이 산 포드는 미국으로 직접 와서 현장을 보고 배울 수 있도록 지원했고, 덕분에 도요타 에이지는 당시 세계 최대 자동차 생산 시설이었던 포드 루즈 공장에 3개월간 상주하면서 생산 프로세스를 직접 보고 배우며 불필요한 절차와 노력을 없애고 효율을 극대화할 수 있는 방법에 대해 집중 연구하게 된다. 이 결과물은 이후 일본 기업들 사이에 불어닥친 혁신 돌풍의 단초를 제공하게 된다.

일본 기업들은 최고가 되어야 한다는 목표로 제품의 품질을 높이는데 전력을 다하여 가파른 일본 경제 성장을 이끌었다. 그 결과 빠른 속도로 독일을 추월하며 세계 제2의 경제대국으로 올라설 수 있었다. 그러자 미국의 자동차 기업들도 허세와 오만함을 버리고 도요타를 비롯한 일본의 기업들을 거꾸로 찾아와 가르침을 청했다. 이후 이런 최고의 기업들과 그들의 생산 방식은 일본 경제의 위세를 등에 업고 세계 각국으로 퍼져나갔다.

중국이 WTO에 가입한 후, 중국 기업들도 거대 다국적 기업들과의 경쟁을 피할 수 없게 되었다. 그러나 지금 중국에 경제학자는 많으나 경영학자는 적다. 경영철학은 많지만 경영학은 일천한 형편이다. 철학으로서 경영은 많이 논의되지만, 과학으로서 경영을 얘기하기에는 참으로 민망한 수준이다.

경영학은 과학이며 예술이다. 통합적이고 본질적으로 이해하고 적용해야 한다. 기업의 기초적인 원칙을 다지지 않은 상태에서 앞서가는 경영이론이나 새로운 개념이 등장하면 그때그때 유행을 좇듯 차용하는 지금의 수준으로는 근본적인 성장이 어렵다.

경영은 규칙에 의존해야 하고 규칙이 정착되려면 구체화, 표준화, 데이터화되어야 한다. 또한 틀이 잡힌 규칙이어야만 훈련될 수 있고 훈련을 통해 소질을 높이는 것만이 관리를 개선하고 완벽하게 만드는 유일한 길이다.

많은 기업들 사이에서 디테일 경영은 이미 시작되었다. 필자가 몇 년 전 제시한 디테일 개념은 특히 아시아 각국의 많은 기업들 사이에서 열렬한 반응을 불러일으켰다. 디테일 경영은 일종의 경영시스템이다. 이 시스템을 어떻게 하면 기업의 특징과 성향에 맞게 접목시켜 주먹구구식의 개선을 벗어나, 근본적인 혁신과 창조 전략으로 삼을 수 있을지 이 책에서 상세하게 풀어보았다.

뛰어난 사람은 눈에 보이는 거친 것들을 버리고, 부단히 노력해서 날카롭고 세심하게 거르고 골라낸다. 그리하여 문제를 해결하는 가장 좋은 방법을 찾아낸다. 정확한 방법에 이르기 위해 세세함이란 필연적으로 동반되어야 하는 속성이다. 디테일화는 모든 기업이 반드시 밟고 넘어서야 할 문턱이다. 어떤 업종이든 어떤 기업이든 디테일을 장악하지 않고는 갈수록 격렬해지는 글로벌 경쟁에서 성공은 고사하고 생존조차 불가능해질 것이다.

디테일의 개념을 처음 설파한 이래, 하나의 시스템으로

디테일 경영을 제안하는 이 책을 펴내기까지 많은 시간이 걸렸다. 기업을 컨설팅하고 사례들을 분석하면서 꼭 필요한 솔루션을 담기 위해 고민했던 필연적인 과정이었다. 물론 이 책 한 권에 디테일 경영의 해결책이 완벽하게 담겨 있는 것은 아니다. 아직도 디테일 경영을 기업 내에 정착시키기 위해 정리해두어야 할 것들은 많이 남아 있다. 필자에게 디테일 경영은 하나의 사명이다. 유행처럼 외치는 단순 구호나 운동에 그치지 않고 더 많은 사람들이 디테일 경영 프로젝트에 참여해 모두가 자신의 목표를 분명하게 달성할 수 있도록 하는 기본적인 방법론으로 삼았으면 한다. 개인이나 기업 상관없이 누구나 디테일 경영을 통해 효율적으로 성과를 달성하고 지속적인 성장을 할 수 있게 되는 그날까지, 한 사람이라도 더 디테일 경영을 연구하고 디테일 경영을 실천하여 디테일 경영을 완성할 수 있을 때까지 필자도 안주하지 않고 부단히 노력할 것임을 약속하면서 이 책을 연다.

베이징에서 왕중추

차례

디테일 경영의
시대가 왔다

소기업은 사장에게 의존하고, 중견기업은 제도에 의존하며,
대기업은 문화에 의존한다. 제도 없이 만들어지는 기업 문화란 없다.
기업에 맞는 제도를 만드는 것, 이것이 디테일 경영의 종점이다.

Wang Zhongqiu

기회 이윤은
양날의 칼을 지니고 있다

    본격적인 디테일 경영을 얘기하기 전에 잠깐 살펴볼 사례가 있다. 중국은 개혁개방 초기만 해도 공급이 수요를 따르지 못했다. 필요로 하는 곳은 많지만 만들어내는 곳이 부족하다 보니 아무리 초짜 사업장이라고 해도 배짱으로 인력을 모아 제품을 만들기만 하면 대단한 이익을 거둘 수 있는 시기였다. 기회가 넘쳐나다 보니 별다른 조직관리도 필요하지 않았다. 요즘 같은 경쟁 시대에는 꿈꿀 수 없는 일들이다.

    당시 도료 시장을 장악했던 궈 사장은 지금도 화려했던

그 시절을 다음과 같이 자랑하곤 한다.

"농업용 차 한 대를 불러다가 페인트를 가득 실고 작은 도시로 가서 아무 건재상점이나 찾아가는 거야. 나랑 알든 모르든 상관없어. 주인한테 이 페인트를 당신 가게에 다 주고 한 달 뒤에 다시 올 테니 그때 돈을 주쇼! 못 팔면 당신이 망하는 거고. 이런 식으로 일주일에 열 군데 이상 가게를 돌았는데, 한 달 뒤에 가 보면 다 팔리고 없어. 돈을 받으면 다시 물건을 주었지. 내가 이렇게 시장을 개척하고 다녔다고!"

나는 한때 적층판을 만드는 건설자재 기업을 운영한 적이 있었다. 내가 공장을 인수하기 전, 1990년 전후에는 적층판 1장의 순이윤은 30위안이나 되었다. 그래서 당시 사장들은 분당 50장의 적층판을 만들어내는 소광기를 '돈 찍는 기계'라고 부르며 무엇보다 애지중지했다.

그 시절엔 장사가 너무 잘 돼서 사장들은 날이면 날마다 신이 났고 고객에 대한 대접도 후했다. 고객이 방문하면 숙식과 교통비까지 일체 부담했고 밤이고 낮이고 술과 음식을 대접했다. 하루가 멀다하고 이어지는 접대비 5,000~8,000

위안은 결코 큰돈이 아니었다.

하지만 지금 표준 적층판 1장의 순이윤은 1위안에도 못 미친다. 사정이 이렇다보니 지금은 고객의 숙박비는커녕 식사비도 부담스러워한다.

앞서 얘기한 도료 공장 궈사장의 호시절 역시 당시 공급부족 상황이 뒷받침 되었기에 가능했다. 당시 유성 페인트 희석제의 제조원가는 킬로그램당 6위안이 안 되었지만, 출고가는 40위안 수준이었다. 하지만 지금은 어떠한가? 원자재 가격 상승으로 인해 도료 제조원가가 킬로그램당 8위안임에도 불구하고 출고가는 고작 10위안 수준에 머물러 있다.

여기서 우리가 알고 넘어가야 할 것이 있다. 바로 과거 이윤이 그렇게 높을 수 있었던 것은 근본적인 경영에서 온 것이 아니라는 점이다. 수요보다 공급이 부족한 당시 시대 상황에서 비롯된 '기회 이윤'이었다.

이러한 기회 이윤이 생기는 경로는 다음 두 가지로 정리할 수 있다.

첫째, '먼저 기회를 잡아서 얻는 이윤'으로 새로운 업종에 먼저 진입함으로써 얻는 고액의 이윤이다.

둘째는 '기회를 독점하며 얻는 이윤'으로 생산을 독점함으로써 얻는 이윤이다.

이같은 기회 이윤을 거두는 경영 상황에서는 디테일 경영에 대해 고민할 필요가 전혀 없다. 사람들을 고용해서 최단기간 많은 제품을 생산하면 그만이기 때문이다.

개혁개방 시절에는 재고가 생길 틈이 없었다. 제품을 찍어내기도 전에 물건을 확보해가려는 구매상과 판매상이 줄지어 기다리고 있었기 때문이다.

제품을 판매하기 위한 관리 역시 필요하지 않았다. 원하는 만큼의 제품을 건네주는 것만으로도 판매상과 구매상을 충분히 만족시켰기 때문이다. 지금처럼 홍보나 마케팅, 거래처 관리 문제로 골치를 썩는 일 따위는 존재하지도 않았다.

이러한 기회 이윤 뒤에는 장단점이 공존한다. 장점으로는 무엇보다 많은 자금을 축적할 수 있다는 점이다. 자금이 확보되면 주먹구구식 경영을 탈피할 수 있고 그로 인해 투자 측면에서도 중장기 방향으로 기업 발전 구조를 전환할 수 있는 능력을 갖추게 된다. 반면 기회에서 얻는 고액 이윤으로 인해 경영상 문제를 덮어 버리고 경영자의 시야를 가려 경영 수준을 높이는 데 불리하게 작용한다는 단점이 있다.

지금은 몇몇 독점 업종과 새로운 영역을 개척한 업종을 제외한 나머지 업종의 기업 이윤이 계속해서 낮아지는 추세다. 그 이유는 무엇일까? 요즘의 경영자들이 종종 부딪히는 대표적인 난관은 다음과 같다.

첫째, 원자재 가격이 상승함에 따라 함께 높아지는 인건비 문제, 둘째, 경쟁상대가 많아지면서 품질을 높이고 서비스를 늘리지만 동시에 제품가격은 낮출 수밖에 없는 상황이다.

이러한 압박 속에서 과연 기업 이윤은 어디서 내야 할까? 위의 문제들로 인해 경영자들은 매일같이 시장의 압력을 받는 것처럼 느끼곤 한다. 하지만 역으로 생각해보면 이러한 문제는 경영을 강화하고 경영 수준을 높여야 할 좋은 동기가 되어주기도 한다.

요즘 경영자들마다 '사업하기가 힘들다, 시장 경쟁이 최고조에 이르렀다'고 하지만 결코 그렇지 않다. 현 시점에서 대부분의 회사가 어려워지고 있는 것이 아니라 과거에는 기회가 너무 많아 사업이 잘되었던 것이다.

─경영의 역사를
명쾌하게 조망한다

　중국에 다양한 경영철학이 밀려올 때마다 이를 받아들이는 중국 기업들의 사상도 훌쩍 성장했다. 새로운 경영철학들 하나하나가 기업과 사회에 상쾌함과 신선함을 안겨주었다. 기업들은 그것들을 '고수' 내지 '만병통치약' 대하듯 우러르면서 씹을 새도 없이 삼키기에 바빴다. 그리고 또 하나의 새로운 사상이 부상하면 먼저 삼킨 것을 소화도 못 시킨 채로 입속으로 밀어 넣기 시작했다.

　이제 천천히 숨을 들이키면서 수십 년 사이 기업경영의 이론과 기술 방면에서 우리가 무엇을 받아들이며 배웠는지

차분히 정리해보자.

　서양의 경제경영이론은 크게 4단계로 나눌 수 있다. 1단계 고전적 조직이론, 2단계 행동과학이론과 이후 다양한 이론들이 제기되는 3단계, 4단계를 거치면서 기업들은 조방경영의 단계를 지나 효율과 품질을 높이고 규모를 극대화할 수 있었다.

　여기서 말하는 조방경영相放經營이란 농업을 경영함에 있어 자본과 노동을 최소화 하며 큰 규모의 농업을 경영하는 것을 말한다. 그 중에서도 특히 자본을 적게 들이는 것을 자본 조방적이라 하며 노동을 적게 들여서 하는 것을 노동 조방적이라고 한다.

1단계 고전적 조직이론

　19세기 말부터 20세기 초엽 제국주의 전쟁과 노동자들의 파업으로 인한 위기 상황에서 싹튼 것이 고전적 조직이론이다. 산업혁명에서 비롯된 에너지와 가능성을 현실화하는 방안을 모색하고 효율적인 조직 체제와 절차, 합리적 관리체계에 관심을 가졌던 이 학파의 대표 인물로는 미국의 테일러Frederick Taylor, 프랑스의 파욜Henry Fayol, 독일의 베버Max Weber와 이들의 계보를 잇는 미국의 귤릭Luther Gulick과 영국의 어윅Lyndall Urwick 등이 있다.

테일러의 과학적 관리론은 가장 대표적인 고전적 조직이론으로 개인의 행동에 대한 과학적 분석을 통해 최적임자에게 최적 분량의 일을 할당해 생산 효율을 높이는 것을 목표로 한다. 그들은 과학적 실험을 바탕으로 표준 조작 방법을 정하고 전체 노동자들을 훈련시켰을 뿐 아니라 노동자들이 사용한 공구, 기계, 재료 및 작업환경까지 표준화했다. 뿐만 아니라 노동자들이 과업을 성공적으로 완수한 경우에는 높은 보상을 제공하는 반면, 달성하지 못한 경우에는 실패에 대한 책임을 분명히 지워야 한다는, 성과급의 초기 모델이라 할 만한 개념을 제시했다. 그의 저서 『과학적 관리의 원칙The Principal Management』에는 이런 사상이 잘 드러나 있고, 이는 후에 과학적 경영, 디테일 경영의 초석이 되었다.

테일러가 생산 프로세스 관리에 초점을 두었던 반면 파욜은 조직 자체의 관리에 관심이 많았다. 기업체의 사장이었던 아버지 밑에서 엘리트 교육을 받았던 파욜은 조직도 기계를 설계하듯이 명확하게 정의된 방식으로 지휘되고 소통되어야 한다고 믿었다.

그는 저서 『산업 및 일반 경영 관리론*General and Industrial Management*』에서 관리의 순환 과정을 계획, 조직, 지휘, 조정, 통제의 5개 요소로 나누고 14가지 원칙을 제시했다. 과업을 세분화하여 전문적인 지식과 기술을 연마하게 한다는 분업의 원칙, 효과적인 직무 수행을 위해서는 권한과 책임이 상응해야 한다는 권한과 책임의 원칙, 규칙에 따라 일을 처리해야 한다는 규율의 원칙, 하위자는 한 사람의 상사로부터 명령과 지시를 받아야 한다는 명령 일원화의 원칙과 지휘 일원화의 원칙이 있다. 이어 개인의 이익보다 조직의 이익이 우선해야 하고 보상은 공정해야 하며 권력과 권한은 상위 계층으로 집권되는 동시에, 계층별로 단절 없이 연결되어야 한다는 내용을 담았다. 조직 내의 물적, 인적 자원은 항상 적재적소에 있어야 한다는 질서의 원칙과 하위자를 다룰 때는 항상 공정해야 한다는 공정의 원칙, 고용 안정의 원칙과 주도권 부여의 원칙, 단결의 원칙까지 총 14개 항목으로 정리해 현대경영학의 기틀을 세웠다.

한편 베버의 연구는 조직이론에 집중되어 있다. 베버는 이른바 이상적인 행정조직체계이론을 세움으로써 관리론 발전에 공헌했다. 그는 대표작 『사회경제조직론*The Theory of Social and Economic Organization*』에서 조직의 목표를 실현하기 위해서는 조직 내 업무 전체를 각각의 작업단위로 쪼개어 조직 구성원들에게 할당해야 한다고 주장했다. 직원들은 직권, 등급, 원칙에 따라 조직하며, 각 직위마다 규정된 권리와 의무를 정하여 명문화함으로써 통일된 지휘체계 혹은 명령체계를 갖출 수 있다는 것이다.

조직 구성원의 역할은 직무상 요구에 충실히 따르는 것이다. 그리고 직무상 요구는 정식 테스트 혹은 교육훈련을 거쳐 실행되어야 한다. 경영자는 고정급여와 명문화된 규정을 만들고 승진제도를 운용해야 하는 '직업적인 관리직'이다. 베버는 이러한 이상적인 행정조직체계가 업무효율을 높임과 동시에 정확성, 안정성, 규율과 신뢰성 방면에서 우수한 조직을 만든다고 생각했다.

테일러, 파욜, 베버 등이 제창한 고전적 조직이론은 훗날 많은 후학들로부터 연구와 지지의 대상이 되었다. 그 가운데 이 이론을 비교적 체계적이고 간명하게 정리한 이는 어윅과 귤릭이다.

어윅은 테일러의 과학적 관리론을 공공 행정에 적용하여 조직이론의 형태로 체계화했고 귤릭과 함께 포스드코브 POSDCoRB라는 개념을 만들었다. 포스드코브란 계획Planning, 조직Organising, 인사Staffing, 지휘Directing, 조정Coordinating, 보고 Reporting, 예산Budgeting의 머릿글자를 따서 창안한 용어로, 행정의 모든 기능을 함축하고 있다.

2단계 행동과학이론

조직과 직무를 기계적 관점에서만 보고 노동자를 부속품으로 간주하던 고전적 조직이론에 한계를 느끼며 대두된 것이 바로 행동과학이론이다.

행동과학이론은 많은 학자들의 이론적 연구를 토대로 탄생했는데 그 중 하나가 산업분야에 심리학 개념을 적용한 산업심리학industrial psychology이다. 산업심리학의 아버지로 불리는 독일의 뮌스터베르크Hugo Munsterberg는 선구적 저서 『심리학과 산업 능률Psychology and Industrial Efficiency』에서 심리학자들은 종업원의 선발과 동기부여 등의 분야에 있어서 경영자들에게 경험적으로 가치 있는 공헌을 할 수 있다고 역설했다.

또한 행동과학이론의 초기 공헌자로 미국의 경영학자 폴렛Mary P. Follett을 들 수 있다. 폴렛은 조직에 있어서 개별 인간 행동의 역할을 이해하는 것이 우선해야 한다고 믿었다. 뮌스터베르크와 폴렛이 행동과학이론의 발전에 큰 공헌을 한 것은 사실이지만 이 운동의 중요한 촉매가 된 것은 사실상 '호손연구'였다.

호손연구란 미국의 전화기 제조회사인 웨스턴 일렉트릭이 시카고의 호손 공장에서 1920년대 후반부터 과학 아카데미의 협력을 받아 실시한 일련의 실험연구로 하버드 대학의 메이요Elton Mayo 교수와 경영학자 레슬리스버거Fritz J. Roethlisberger등이 주도해 추진됐다.

작업능률이 인간의 어떤 요인들과 관련이 있을지 구명하기 위해 이뤄진 몇 차례의 실험 끝에 다음과 같은 중요한 결과들을 얻어냈다. 우선 노동자들은 '사회인'이며 복잡한 사회 시스템에 속한 구성원이기 때문에 노동자들은 금전적 수입뿐 아니라 사회적, 심리적 만족을 추구한다는 것이다. 따라서 노동생산성을 높이기 위해서는 사회, 심리 측면에서 노동자들을 고무해야 하며 동료애와 안전감, 귀속감과 존중감 등을 느낄 수 있도록 환경을 조성해야 한다는 결론이다.

그리고 기업에는 '공식조직' 외에 '비공식조직'이 존재한다는 것을 밝혀냈다. 비공식조직은 기업 구성원이 공동작업 과정에서 공동의 사회감정을 공유하며 형성하는 공간이며 이 안에서 자신들만의 독특한 규범이나 관례가 자연스럽게 형성된다는 것이다. 이들은 공식조직과 상호의존적 관계에 있으며 생산성을 높이는 데 커다란 영향을 준다.

따라서 이에 근거한 효율적인 리더십은 직원의 만족도를 높임으로써 조직의 성과를 높이도록 격려하는 것이다.

이렇게 시작된 행동과학이론은 이후 발전하면서 다음의 4가지 영역에 집중했다.

첫 번째가 '근로욕구와 동기유발'의 영역이다. 인간의 욕구에 대한 연구는 미국의 심리학자 매슬로Abraham H. Maslow의 '욕구단계설'에서 시작됐다. 그는 저서 『동기와 성격Motivation and Personality』과 『최상의 인간 본성The Farther Reaches of Human Nature』 등에서 인간의 욕구를 중요성과 발생 순서에 따라 5개의 피라미드로 표현했다.

이 5개 욕구에는 생리, 안전, 감정과 귀속, 존중, 자아실현이 포함된다. 인간은 일반적으로 이 5단계의 순서로 각각의 욕구를 해결해가며, 이것이 바로 인간행위의 동기라고 설명했다.

한편 동기유발에 관한 또 다른 이론으로는 미국의 허즈버그Frederick Herzberg가 주창한 '동기유발-위생이론'을 들 수 있다. 1968년에 『하버드 비즈니스 리뷰Harvard Business Review』에 실린 「종업원을 어떻게 동기부여 하는가One More Time: How do you motivate employees?」라는 제목의 논문으로 놀라운 주목을 받으며 등장한 그는 '위생요인'이라는 개념을 제시한다. 위생이 직접적으로 사람의 건강을 좋게 하지는 못하지만 온갖 병으로부터 예방하는 효과를 가져오듯, 위생요인이란 직무에 대해 직접적인 동기유발을 하지는 못하지만 직무에 대한 불만을 최소한 예방할 수 있게 하는 요소를 말한다.

그가 말하는 위생요인으로는 회사의 정책과 관리, 감독, 급여, 동료관계, 근무조건 등이 있다. 근무에 대해 만족감을 주는 요인은 오로지 동기유발뿐으로 성취, 승진, 업무 자체의 즐거움이나 책임감, 스스로의 비전 등이 있다.

쥐를 이용한 학습실험 스키너 상자로 널리 알려진 스키너B. F. Skinner의 '강화이론' 역시 동기유발의 또 다른 측면을 설명한다. 인간의 행동을 자극과 반응의 관계로 설명하고자 했던 이 연구를 통해 인간은 단순한 반사기계가 아니라 행동의 결과로 자신의 행동까지도 바꿀 수 있는 대상임을 입증했다.

동기부여에 관한 가장 포괄적인 설명은 이후 브룸Victor H. Vroom의 '기대이론'에서 이뤄진다. 가치이론이라고도 하는 이 이론은 동기를 유발하기 위하여 동기요인들이 상호작용하는 과정에 관심을 두고 있다. 기대이론은 개인이 어떤 수단instrumentality을 통해 특정 결과를 얻을 것이라는 기대expectancy와 그런 결과가 개인에게 얼마나 매력적인가를 보여주는 유의성valence의 조합으로 동기부여가 된다고 보는 시각이다.

행동과학이론의 두 번째 주요 영역은 '기업관리와 인성'의 문제다. 인간 본성에 대한 가정을 X와 Y, 두 가지로 대별해 각기 특성에 따른 관리전략을 처방한 맥그리거Douglas McGregor의 'X-Y이론'을 먼저 살펴보자.

그는 기업관리에 관해 연구하면서 노동자에 대한 관리자의 편견이 적지 않다는 것을 발견했다. 관리자들은 생산성이 낮은 것을 노동자의 불성실하고, 나태하며, 어리석고, 무책임한 본성 탓이라고 생각한다. 이것이 X이론이다.

반대로 사람은 수동적인 존재가 아니며 인간의 행위에는 동기가 가장 강력한 영향을 준다고 보는 관점이 Y이론이다. 일정한 조건을 제공하기만 하면 열심히 일하고 정해진 목표를 달성하며 성취감을 얻고 싶어하는 것이 인간의 본성이며 업무성과가 좋지 않을 경우 어떤 관리 요인이 노동자가 적극성을 발휘하는 데 장애가 되었는지를 연구해야 한다는 입장이다.

한편 미숙한 아동이 성숙한 어른으로 성장해 가듯이 인간의 개성도 미숙한 상태에서 성숙한 상태로 여러 단계를 거치며 발전해 간다고 주장하는 아지리스Chris Argris의 '미성숙—성숙이론'이 있다. 그에 따르면 성장이란 수동에서 능동으로, 의존에서 독립으로, 무자각에서 자각과 자제로 발전하는 과정이다. 인간은 이러한 과정을 통해 자아를 실현한다고 본다.

그러나 일반적으로 조직은 기본적으로 개인을 '미성숙'한 단계에 머물게 붙들어 두어 자아실현을 제한하기 때문에 개개인의 개성과 조직이 조화를 이루게 하려면 조직은 직원 중심의 민주적 관리를 하면서 다양한 분야의 업무를 경험하게 하고 책임감을 부여하면서 자아의식과 성취감을 느끼게 해주어야 한다는 입장이다.

행동과학이론은 또한 기업 내 비공식조직과 인간관계의 문제들을 다룬다. 독일에서 태어나 미국으로 이주한 레윈Kurt Lewin은 인간의 행동을 개인의 현재 상황과의 관계로 설명하려는 장이론Field Theory을 설파했다.

브래드포드Leland Bradford가 제시한 '감수성 훈련'도 흥미롭다. 감수성 훈련의 목표는 단체학습환경 안에서 훈련자들간의 상호영향을 통해서 감성을 높이고 조직 안에서의 역할, 자신과 다른 사람의 상호영향 관계에 대한 의식을 끌어올린다. 나아가 개인과 단체의 행위를 바꾸며 업무효율을 높이고 개인적 목표를 만족시키는 것이다.

그 외에 행동과학이론이 다루는 마지막 분야는 기업 내의 리더십이다. 탄넨바움Robert Tannenbaum과 슈미트Warreu H. Schmidt는 '리더십 일치이론'을 제시했다.

리더십에는 상사를 중심으로 하는 전제적 리더십에서부터 직원을 중심으로 하는 민주적인 리더십에 이르기까지 다양한 성격이 존재하며 이것은 하나의 연속적인 통일체라고 생각한다. 어떠한 리더십을 선택할 것인가는 일률적으로 논하기 어렵다. 그러나 사장, 직원, 조직의 상황, 장기전략 같은 요인들을 고려한다면 이 연속통일체 가운데 현 시점에서 가장 적합한 리더십을 선택할 수 있다.

한편 미시간 대학 사회연구소 소장이자 조사방법론을 개척한 미국의 조직이론가인 리커트Rensis Likert는 연결침linking-pin이론과 관리 체제이론을 통해 경영자가 직원을 중심에 두고 직원의 욕구와 기대에 관심을 둘수록 기업의 생산성이 높아지며 경영자가 직원과 접촉하는 시간이 많고 리더십이 민주적이고 합리적일수록 성과가 난다고 주장한다.

또한 오하이오 대학의 스토그딜Ralph M. Stogdill과 셔틀Carroll L. Shartle 등이 내건 '두 요인 모델'은 흔히 상충하기 쉬운 업무 영역과 인간관계의 영역이 서로 배척하지 않고 결합되었을 때 고효율의 관리가 가능하며 두 요인의 결합은 다양한 형태로 이루어질 수 있다고 밝혔다.

생산에 대한 관심과 인간에 대한 관심을 두 축으로 놓고 이를 격자로 계량화하여 리더의 행동유형을 5가지로 분류해놓은 관리격자이론이 그 다음에 등장했다. 블레이크Robert R. Blake와 모튼Jane S. Mouton은 기업의 리더가 X이론이나 Y이론으로 직원을 이분법적으로 생각하는 것을 극복하려면 서로 다른 것을 결합하는 리더십을 택하는 것이 좋다고 관리격자이론을 통해 설파한다. 이 이론은 생산에 대한 관심을 가로축으로 직원에 대한 관심을 세로축으로 놓은 다음 각각의 축을 9등분하여 모두 81개의 작은 격자로 구분하고, 격자 하나하나는 서로 다르게 경합한 리더십을 나타낸 것이다. 이들에 따르면 생산에 대한 고도의 관심과 직원에 대한 고도의 관심이 결합한 리더십이 가장 효율이 높다.

제3단계 다양한 관리이론의 출현

고전적 조직이론과 행동과학이론 이후, 특히 제2차 세계
대전 이후 새로운 방식의 현대 관리론들이 대두됐다. 주요
학파로는 의사결정론학파, 조직관리학파, 경험주의학파, 권
변이론학파와 관리과학파 등이 있는데 과학기술의 발전, 생
산력의 거대한 발전, 생산사회화의 정도가 나날이 높아지면
서 발생하는 갖가지 문제들을 다루고 있다.

의사결정론학파는 직접 경영 문제들을 언급하지 않고 먼
저 조직을 분석하는 방법을 택했다. 그래서 조직학파라고도
하며 버너드Chester I. Barnard와 사이먼Herbert A. Simon이 이 연구
의 시조라 할 수 있다.

버너드에 따르면 개인은 각자 고유의 능력과 목적, 동기
가 있지만 한 개인의 역량은 자신의 목적을 모두 달성할 수
있을 만큼 무한하지 못하다. 따라서 이러한 한계를 극복하
는 수단으로 협업이 이루어지며 조직이 형성된다. 이러한

체계를 발전시키기 위해 관리가 필요하고 경영이 개입된다는 관점이다.

사이먼은 '의사결정이 경영을 관철하는 전 과정이며 경영은 곧 의사결정이다. 조직은 의사결정자 개인이 만든 시스템'이라고 주장했다. 이들은 의사결정 과정, 의사결정의 준칙, 구조적 의사결정과 비구조적 의사결정, 조직기구 건립과 의사결정 과정의 관계 등에 대해서 분석하였다.

계통관리학파는 조직학파와도 긴밀한 관계를 가지지만 어디에 중요도를 두는가 하는 점에서 조금 차이가 있다. 이 이론을 이끄는 대표적인 학자는 카스트F. E. Kast, 로젠츠바이크J. E. Rosenzweig 등이다.

계통관리학파는 계통의 관점에서 기업을 고찰하고 관리하면 기업의 효율을 높일 수 있다는 주장이다. 각 계통과 유관부문의 상호관계망을 더욱 명확하게 해주며 기업의 총 목표를 더 잘 실현하게 해준다고 주장한다.

계통경영학파는 1960년 최고의 인기를 모았다. 그러나 각 부문에서 요구하는 이론적 요구를 만족시키지 못하면서 인기가 시들었지만 여전히 많은 사람들이 연구에 뛰어들고 있다. 또한 계통경영이론의 많은 내용이 자동화, 통제론, 경영정보계통, 권변이론 발전에 기여하고 있다.

경험주의학파의 대표인물은 피터 드러커Peter Drucker, 데일 E. Dale 등이다. 이들은 고전적 조직이론과 행동과학 모두 기업 발전의 실제 수요에 완전하게 적용될 수 없는 이론이라고 주장한다. 기업경영과 유관한 과학은 반드시 기업경영의 실제에서 출발하여야 하며, 대기업의 경영 경험을 주요 연구대상으로 하여 이를 개괄하고 이론화하여 기업경영인에게 실제적인 조언을 제공해야 한다고 주장한다.

권변이론학파는 기업경영은 기업이 놓인 내적 외적 조건에 근거하여 언제나 기회를 보며 변화하는 것이라면서 결코 변하지 않고 어디에나 적용되는 최고의 경영이론과 방법은 없다고 주장한다. 이 학파는 1970년대 미국 등지에서 한때 크게 환영받았다. 이것은 과학기술, 경제, 정치상의 격렬한 변화와 노동자 집단의 대두, 그리고 문화기술 수준이 변화하면서 권변이론이 일정 정도 그 실용적 가치를 인정받은 결과다.

경영과학학파의 대표인물로는 미국의 버파F. S. Buffa를 들 수 있다. 이들은 경영이란 수학 모델과 프로그램으로 계획과 조직, 통제, 의사결정 등 논리에 부합하는 일련의 프로그램을 통해, 가장 우수한 해답을 찾아냄으로써 기업의 목표를 달성하는 것이라고 정의한다.

그러므로 경영과학이란 곧 경영을 위한 의사결정에 쓰이는 수학모델과 프로그램을 제정하는 시스템이며 이것들은 전자계산기를 통해 기업경영에 응용되어야 한다는 것이다.

그 밖에 미국 경영학자 쿤츠Harold Koontz의 저서 『경영의 본질과 역할Essentials of Management』에 의하면 앞에서 소개한 학파 외에 조직행동학파, 사회기술계통학파, 경영자역할학파, 경영 관리이론학파 등 11개 학파로 분화 발전했음을 설명하고 있다.

제4단계 새로운 경영이론들

학습형조직이론, 기업개조이론, 지식경영이론, 정보경영

이론, 기업능력이론, 충돌모험이론, 경쟁합작이론, 인본경영이론, 집성경영이론, 물류관리이론, 항목관리이론 등 새로운 경영이론들이 계속 진화하며 발전하고 있다.

디테일 경영으로의
변혁이 시작됐다

방임형 관리에서 규범형 관리로

개혁개방 초기 중국에는 신흥 기업들이 나타나기 시작했다. 하지만 중국은 역사적으로 농업을 중시하고 상업을 경시해왔다. 속어에서도 '상인치고 간사하지 않은 상인은 없다'는 말이 있을 정도이니 말이다.

오랫동안 농업국으로써 변함없는 국가경제 체제를 유지해 왔던 중국은 당시만 하더라도 투자능력을 가진 사람은 거의 없었다. 신흥기업의 업주들도 웅대한 뜻을 품거나 높은 문화수준과 뛰어난 자질을 가지고 있지 않았다.

내가 조사한 바에 따르면 당시 기업주가 기업을 만든 동기는 대부분 스스로에게 일자리를 만들어주기 위한 것에 불과했다. 그러다 시장의 수요가 넘치면서 대다수 기업주들이 빠른 속도로 돈을 벌 수 있었고 이러한 과정이 되풀이되며 기업들은 덩달아 성장해 나갈 수 있었다.

일반적으로 기업의 생존방식은 소기업은 경영자에게 의존하고, 중견기업은 제도에 의존하며 대기업은 문화에 의존한다. 하지만 실제로 많은 기업들은 여전히 개인화된 방임형 관리방식에서 벗어나지 못하고 자기 취향이나 관심에 의존해 관리하고 있다. 일정 규모로 발전한 기업의 경영자는 늦지 않게 관리방식을 조정해야 한다.

나는 한 기업의 사장을 통해 개인화된 방임형 관리방식의 문제점을 가까이 지켜볼 수 있었다. 이 기업의 사장은 느닷없이 결기에 차 전국에 70여 개의 사무실을 열었다. 마치 70인의 당대표가 전국에 혁명의 씨를 뿌리기 위해 한꺼번에 전국 곳곳으로 내달려가 혁명세력을 우후죽순으로 키우듯이 말이다. 하지만 결과는 처참했다. 반년도 못 되어 믿어

마지 않던 당 대표들은 극소수만 살아 남았다. 비용은 다달이 치솟는 반면 성과가 없었기 때문이다. 오히려 비용이 새는 곳이 많아지기 시작했다. 결국 경영자는 다시 한 번 사무실을 철수하라는 긴급성지를 내리며 70여곳의 사무실을 모조리 폐쇄하기에 이르렀다.

중국의 많은 기업은 이처럼 경영자 본인의 실책으로 심한 중상을 입거나 심지어 폐업까지 가는 일이 허다하다. 개혁개방 초기 창업하여 부를 쌓은 사람들 중 상당수가 차례로 역사의 무대에서 사라졌던 배경에도 이런 이유들이 존재했기 때문이었다.

중국은 지금도 농업인구가 총인구의 대부분을 차지한다. 때문에 오랜 세월 농업생산방식에 젖어 있다 보니 규범화되고 제도화된 관리에 대한 개념이 부족할 수밖에 없다. 오히려 제도는 큰 소용이 없다. 너무나 오랫동안 느슨하고 흐트러진 채로 살아왔기 때문에 하루아침에 엄격하고 신중해진 제약과 관리를 받아들이기는 사실상 힘든 부분이 많다.

인류사회는 크게 농업사회와 공업사회, 정보사회의 세 단계로 구분할 수 있다. 이 중 첫 단계인 농업사회의 가장 큰 특징은 '자력갱생'과 '폐쇄불통'이라 할 수 있다. 일을 나누어 하지도 않고 합작에 대해서도 미숙하다. 그러다보니 자연스레 어떤 집단도 규칙을 중시하거나 제도가 필요하다고 생각하지도 않았다.

유가 문화 전통을 가진 중국에서는 개인의 인격수양을 중시하는 대신 심오한 사고와 이상적인 설계에 대한 제도에 대해서는 인식이 부족했다. 오로지 가부장제와 군주제를 만고의 진리로 알고 있었다. 이러한 사상은 기업의 가부장적 풍조에 자연스레 반영되었고 기업경영도 알게 모르게 개인 영웅주의의 색채를 띠게 되었다.

이러한 기업은 경영자로 인해 일어서고 성취도 경영자 개인으로부터 영향을 받는다. 기업의 운명은 경영자 개인 일신에 달려 있기 때문에 경영자 신상에 중대한 일이 생기면 기업도 곧바로 막대한 손해를 입게 된다.

경영을 잘하는 기업은 기적을 좇지 않는다. 성숙한 경영자는 항상 일어날 수 있는 상황을 충분히 예측하고 그것을 일상의 관리범주에 끼워넣어 기업이 점진적으로 원만하게 발전할 수 있도록 자연스레 유도한다.

예민한 관찰자라면 이미 눈치챘겠지만 일반적으로 역사가 오랜 대기업 가운데 지금의 경영자가 누구인지 아는 사람이 드물지만 반대로 고속성장을 한 기업의 경영자 이름은 꽤 널리 퍼져 있다.

중국 혁명의 과거와 현재를 그려내 호평을 받고 있는 『중국의 붉은 별Red Stars Over China』의 작가 에드거 스노가 마오쩌둥을 취재했을 때의 이야기가 생각난다. 당시 기자 신분이었던 에드거 스노는 마오쩌둥 개인에 관한 정보가 뉴스로써 얼마나 가치가 있는지를 잘 알고 있었기 때문에 담화를 나누면서 최대한 분위기를 그쪽으로 유도했다고 한다.

하지만 마오쩌둥은 질문에 대답하는 내내 자신을 조금도 드러내지 않았다. 오히려 그는 무의식 중에도 개인의 이력을 당의 성장과 함께 엮어 말하곤 했다. 에드거 스노는 마오쩌둥과 대화를 하며 혁명은 몇몇 개인의 일이 아니라 대중이 참여하는 막을 수 없는 큰 물결이라는 것을 깨달았다고 한다.

경영자는 기업 발전 초기에 특정한 조건과 특정한 위치

로 인해 다른 사람이 대신 할 수 없는 특별한 의미를 가지게
된다. 그러나 기업이 성장하여 기업 전체가 계속 확대되어
나갈 때는 가령 어떤 개인의 역할이 지나치게 크면 반드시
기업의 규범화와 제도화 경영에 부정적 영향을 가져올 확률
이 크다.

경험형 경영에서 과학형 경영으로

경험형 경영방식이란 말 그대로 경험에 의존하는 경영방
식이다. 과거 경험에서 얻은 지식을 바탕으로 현재의 경영
에 운용하는 것이다. 경험형 경영방식에 의존하는 사람들은
어떠한 문제가 발생하면 다음과 같이 말한다.

"이렇게 해! 예전에도 그렇게 해왔어."

이렇듯 경험형 경영은 과거의 경험을 그대로 모델로 삼
고 매 상황에 대응하는 것이다. 하지만 이런 방식으로는 현
대화한 경영 상황을 근본적으로 해결할 수 없다. 때문에 경
험형 경영은 시대 흐름에 맞추기 위해 과학형 경영으로 변
혁하게 된다.

적용 범위에 대해서도 마찬가지다. 경험에 의존해 성공을 거두는 경영은 일반적으로 규모가 작은 기업에서 통한다. 시장과 소비자가 높은 수준의 감별력을 갖추지 못한 시기에 가능한 방식인 것이다. 최근에는 기업들이 일정한 규모를 갖추고 있고 직원들도 일정한 소양을 갖추고 있다. 소비자 역시 대단히 까다로워졌다. 따라서 경험에 의존한 경영은 더 이상 기업 발전을 불러올 수 없다.

경험형 경영의 한계를 정리하자면 다음과 같다. 경험형 경영의 적용 배경을 살펴보면 일반적으로 농경시대의 두루뭉술한 생산방식을 적용하고 있다. 때문에 관리에 있어 데이터화하고 과학화해야 하는 현대의 요구를 더 이상 따라잡지 못하는 것이다.

결국 경험형 경영은 '거의 비슷한' '그럭저럭'의 상황만을 만들 뿐이다. 대규모 산업시대에 요구되는 표준화, 고밀화, 고품질 경영 요구를 도저히 만족시키지 못한다. 다시 말하자면 경험형 경영은 경영자가 자신을 닫아걸고 앞서나가는 모습을 보여주지 못하는 것에 대한, 그리고 새로운 상황을 연구하고 그 상황에 맞는 구체적인 문제 해결방법을 원하지 않으면서 내미는 구실에 불과할 뿐이다.

외연식 성장에서 내함식 성장으로

개혁개방 이후 중국의 기업 발전사는 다음과 같이 정리할 수 있다. 개혁개방 초기에 기업들은 내부에 주목하며 생산관리, 효율성, 자본력, 품질에 심혈을 기울렸다. 관리 방면으로는 품질과 효율성을 높이는 데 치중하며 '시간은 돈이다' '품질은 생명이다'라는 구호를 외치곤 했다.

80년대 후반에서 90년대 중반까지는 시장에 주목하면서 시장이 기업의 운명을 결정한다고 목소리 높였다. 이후 90년대 중기에는 전략에 집중하며 전국적인 전략 열풍이 불었다. 최근 몇 년, 특히 2002년 이후부터는 집행력에 주목하고 디테일을 중시해 작은 일부터 세심하게 잘 하자고 강조했다.

이렇듯 사회는 나날이 진보하고, 기업은 성숙해지고, 경영자의 의식도 깨어가고 있는 것이다.

중국이 지난 20여 년 동안 경제 성장을 할 수 있었던 힘은 규모를 확장하며 외연식 발전의 길을 걸어온 결과라고 할 수 있다. 투자 확대에 의존해 이끌려온 성장은 결국 경제 수익규모체감율 법칙에 발목을 잡히게 되어 있다. 이러한 외연형 경제 성장은 최근 그 한계에 다다랐다. 근래의 경제 발전 추세가 그 점을 명확히 보여주고 있다.

기업경영을 하며 관리자들의 움직임은 어떻게 변화하고 있는가? 자원과 인력, 가격에 매달렸던 초기와 달리 점차 기술과 브랜드, 부가가치를 중시하게 되었다.

이후에는 공장과 설비, 자금 규모 등 하드웨어에 매달리던 것에서 지식과 관리, 창의성, 문화, 소프트웨어 등 전면적인 변혁에 귀추를 세우고 있다. 즉, 이제는 중국 경제도 내함식의 집약발전을 도모하며 구조가 최적화되고 분포가 합리적이며 현대산업체계를 형성하고 있는 것이다.

이러한 내함식 산업체계를 형성하고 있는 대표적인 기업으로는 일본의 도요타가 있다. 2004년 재무연도에서 도요타는 678만 대를 생산하는 데 그쳤다. 그러나 GE와 포드 두 미국 자동차회사와 비교했을 때 도요타는 이 두 기업의 이윤을 합한 것보다 2배 이상 많은 순이익 86.4억 유로라는 거대한 이윤을 냈다.

당시 도요타의 거래소증권의 총가치는 미국의 3대 자동차회사인 GE, 포드, 크라이슬러의 총가치보다 높았다. 도요타의 생산방식은 도요타를 바꾸고 일본을 바꿨다. 그리고 세계를 바꾸면서 21세기의 생산방식이라는 찬사를 듣고 있다.

1992년, 다니엘 T. 존스 등 50여 전문가들은 5년이라는 시간을 쏟아 17개국의 90여 자동차제조사를 비교분석한 뒤 '세계를 바꾼 기계The Machine That Changed the World'라는 유명한 보고서를 발표했다.

이 보고서는 도요타 생산방식을 총괄하면서 이것은 제조공업의 일대 혁명이라고 결론지었다. 도요타 생산방식은 우선 품질에서 최고를 추구하며 고객이 제품 수명이 다하는 날까지 만족감에 대해 보증한다.

조직 면에서는 인적 요인을 충분히 고려하여 유연한 팀 작업방식을 채택하고 팀 간 협력으로 진행되는 작업방식을 강조한다. 물자관리 면에서는 적시 부품 공급과 재고 목표로 제품 단계를 대대적으로 감소시켜 유동자금을 절약했다. 생산기술 면에서는 적절한 자동화기술을 채용하여 생산성을 눈에 띄게 높였다. 이 모든 것이 기업의 자원을 합리적으로 배치하여 충분히 이용할 수 있게 만든 것이다.

대량생산방식과 비교했을 때 품질생산방식의 우월성은 다음의 몇 가지로 설명할 수 있다.

첫째, 대량생산방식과 비교했을 때 제품 개발, 생산 시스템은 물론 공장의 여타 부문까지 필요인력자원을 모든 부문에서 1/2 정도로 줄일 수 있다.

둘째, 신제품 개발 주기를-1/2 혹은 2/3까지 줄일 수 있다.

셋째, 대량생산방식과 비교했을 때 생산과정에 있는 제품 재고를 일반수준의 1/10까지 줄일 수 있다.

넷째, 대량생산방식이 요구하는 공장 규모보다 공장 점유 공간 1/2까지 줄일 수 있다.

다섯째, 완성품 재고를 대량생산방식 공장과 비교했을때 평균 재고수준의 1/4로 줄일 수 있다.

인류사회의 소비는 총체적으로 당연히 그리고 부단히 증가하겠지만, 증가 속도에는 한계가 있다. 때로는 기업의 증가와 기업의 성장 욕구는 왕왕 소비 증가를 뛰어넘기도 한다.

되는 대로 땅을 넓히고 되는 대로 점포를 늘리면 금세 '이 길로는 다니지 못하게 된다'는 말처럼 마오쩌둥 시기에도 그런 일이 있었다. 인구가 늘고 식량이 부족해지자 바닷가에 밭을 갈고 황무지에 씨를 뿌리고 호숫가에 밭을 갈고 산으로 올라가 씨를 뿌렸다. 그러나 인구 증가 속도가 너무 빨라 새로 논밭을 만드는 걸로는 식량부족을 해소할 수 없었다. 이 문제는 위안융핑이 슈퍼 벼 품종 개발에 성공하면서 단위 묘당 생산량을 700~800근으로 대대적으로 끌어올리고 나서야 근본적으로 해결할 수 있었다.

물론 기업의 '슈퍼 품종 개발'은 효과 문제 외에 효율 문제도 존재한다. 즉 어떻게 자본 소모를 줄이면서 시장 소비량과 제품 소비량을 올리느냐 하는 문제다. 내부 잠재력에 눈을 돌려 효율과 효과 문제를 해결해야 외부 압력을 낮출 수 있다. 기술 면에서 보았을 때 내함식 발전은 기술함량, 제품과 서비스 가치를 높이는 길이다. 사실 이러한 관념은 일찍부터 인정을 받아왔고 중국의 많은 기업들이 노력하는 방향이기도 했다.

렌샹 그룹이 분할되기 전, 류촨즈는 언론과의 인터뷰에서 다음과 같은 질문을 받았다.

"렌샹이 세계 500대 기업에 오르는 데 부족한 점이 있습니까?"

렌샹은 대답했다.

"렌샹이 부족한 점은 우선 핵심기술을 찾지 못한 데 있습니다. 렌샹은 기술결핍형 기업에서 기술주도형 기업으로의 혁신을 완성해야 합니다."

류촨즈는 기술주도형 변혁이라는 방향을 제시했다. 렌샹은 IBM PC사업부를 사들임으로써 렌샹이 기술적으로 선두를 유지하겠다는 전략계획을 보여주었다.

기회형 기업으로부터 전략형 기업으로

개혁개방 초기, 중국 경제는 날개를 단 듯 성장했다. 성공의 기회가 널려 있어 배포가 있고 약간의 경영 두뇌만 있으면 바로 큰 돈을 벌 수 있었다. 아이리성 그룹의 회장 우 궈디 박사는 당시 '지금 중국에서 장사를 한다면 바보라도 돈을 번다'고 할 정도였다. 시장조건이 그만큼 좋았기 때문에 심각한 오류를 저지르지만 않으면 성큼성큼 발전하는 중국 경제와 발맞춰 함께 커나갈 수 있었다.

이러한 성장방식을 우리는 기회형 성장이라 하며 이러한 기업을 기회형 기업이라고 부른다. 기회형 기업에는 또 한 가지 의미가 포함되어 있다. 즉 자기 주업이 없고 무슨 업종이 돈을 벌면 유행처럼 우루루 그쪽으로 몰려간다는 뜻이다. 어떤 기업도 언제까지나 이런 방법에 기대 생존한다는 것은 불가능하다.

흔히 기회는 준비된 두뇌를 선호한다고들 한다. 무엇이 준비된 두뇌인가? 기업경영에서 이 말은 기업은 반드시 자신의 전략위치를 가지고 있어야 한다는 의미다. 이런 전략위치를 가진 다음에 목표를 설정하고 그다음 부단히 조건을 만들어나가 그 목표를 실현하기 위해 노력하는 것이다.

이 전략위치를 굳건히 지키면서 자기 목표를 향해 매일 노력하고 목표를 위해 조건을 만들어나갈 때 어디에 기회가 있는지 알게 되고 그것이 자기한테 맞는 기회를 잡아낼 수가 있게 해준다.

과거 중국의 발전은 '수요를 찾아내고 수요를 만족시키는 데' 있었으므로 오직 기회를 잡을 것만 강조했다. 그러나 지금은 '수요를 창출하고 소비를 이끌어야 한다'면서 전략의 승부를 강조한다. 전략이 없고, 계획이 없는 기업은 도태될 것이다.

세일즈맨이 보기에 중국 가정에 대부분 구비되어 있는 저렴한 상비약 펑유징은 그저 값싼 물건에 불과하다. 기업의 발전도 마찬가지다. 소기업도 매년 수십만 위안 혹은 수백만 위안을 벌 기회를 잡을 수 있지만(전제는 이런 기회도 잡기가 만만치 않다는 것), 월마트처럼 1년 매출액이 2,000여 억 달러가 되는 대기업이라면 10%만 늘어도 200여 억 위안이나 된다. 그런데 어디서 200여 억 달러를 벌 기회를 잡는단 말인가?

최근 10년 사이 월마트는 매출을 늘릴 기회를 잡기보다 고객관계를 개선하고 프랜차이즈를 늘렸다. 공급시스템을 개선하고 새로운 경영방식을 채용하는 데 힘을 쏟아왔다. 이러한 집중전략이 월마트를 마케팅의 '빅맥'의 자리에 있게 한 것이다.

앞에서 분석한 4대 변혁을 다시한번 정리하면 다음과 같다.

방임형에서 규범화로
경험형에서 과학형으로
외연식에서 내함식으로
기회형에서 전략형으로

마지막으로 이것을 한마디로 정리하면 다음과 같다.
'조방형 경영에서 디테일 경영으로'의 변혁이다.

디테일 경영의
본질을 말한다

디테일 경영을 전면 도입하기 전
B사의 임원진들은 업무 시간의 80%를 정보 수집에
허비하고 고작 20%를 정책 결정에 썼다.
그러나 지금은 판단하고 결정내리는 데에 거의 모든 시간을 쓴다.

Wang Zhongqiu

전문화:
디테일 경영의 첫 번째 길이다

전문화는 디테일의 대 전제

자원은 유한하다. 경영의 목적은 이러한 자원을 효과적으로 사용하는 데 있다. 만일 자원이 무한대로 주어진다면 별다른 경영은 필요 없을 것이다. 똑같은 조건에서 일을 잘하기 위해서는 더 많은 시간, 더 많은 인력과 물자를 투여해야 한다. 그래서 우리는 유한한 자원을 생산성이 가장 높은 곳에 투입하도록 결정하곤 한다.

어느 해 대입고사에 다음과 같은 작문 주제가 제시된 적이 있다.

'우물 여러 개를 파서 물을 찾는 것보다 한 우물을 파는 게 낫다.'

자원의 집중과 투자에 대한 중요성을 이보다 더 정확하게 표현할 수 있을까? 이것은 마치 군사전략에서 우세한 병력을 집중해 적을 섬멸하는 것과 같은 이치다. 이 원리를 기업에 적용하기 위해서 기업은 반드시 전문화라는 발전의 길을 걸어야 한다.

저명한 경제학자이며 국무원발전연구센터 연구원으로 활동 중인 우징롄 교수는 '민간경제는 반드시 디테일 발전의 길, 구체적으로 표현하면 현재 전문화, 다각화, 국제화의 길을 가야 한다'고 주장했다.

여기서 말하는 전문화란 무엇일까? 전문화란 일반적으로 기업 내부의 산업 전문화와 관리 전문화, 자본 전문화를 말한다. 그 중 산업 전문화는 주요 산업 내에서도 제품에 전문성이 담겨 있어 소비자에게서 높은 평가를 받는 것이다. 좀 더 구체적으로 이야기하자면 디자인을 비롯한 핵심기술과 서비스 체계의 모든 면에서 소비자에게 '전문 기업제품'으로 인정받는 것이다.

경영의 전문화는 주로 전문경영인을 통한 방식과 효율적인 경영인 집단에 의해 이루어지는 것을 말한다. 자본의 전문화는 주로 민영기업 자체에 내재된 발전의 한계로 인해 발생하게 되는데 이렇듯 자금과 인재 등 상대적으로 자본이 부족한 상황에서는 보다 우세한 영역에 집중하며 제품 특성에 따른 시장을 공략해야 한다. 다각화 발전이란 자본과 기술, 관리에서 우세함에 집중하며 전문화를 실현하는 것을 가리킨다.

이러한 전문화와 다각화 발전은 디테일화로 발전해 나가는데 있어 중요한 밑바탕이 된다. 그러므로 디테일화에 대한 의지가 있는 경영자라면 반드시 전문화와 다각화부터 시작해야 한다. 전문화는 디테일화에 반드시 따르는 과정으로 '전문성'을 가져야 디테일화를 할 수 있다.

전문화를 하기 위해서는 장기적인 발전에 대한 안목을 갖추어야 한다. 방임형 경영 기업은 대부분 단기 이익을 추구하기 때문에 요란한 광고나 기타 묘책 따위에 기대를 걸며 단번에 떼돈을 벌고자 하는 경향이 크다. 관리에 공을 들이고 오랜 시간이 걸려 끈기와 세심함이 요구되는 일에는 뛰어들지 않으려 한다.

최근 일부 기업에서 대대적 할인전략을 펼치는 것은 브랜드 가치가 없는 상황에서 어쩔 수 없이 한 선택이라 할 수 있다. 이러한 광고나 가격 전쟁으로 기업 발전의 길을 마련하려는 것은 방임형 관리의 표현형식이라 할 수 있는데 이런 기업들은 내부의 잠재력을 키우기 위해 노력하지 않기 때문에 오래 유지되기는 어렵다.

다음은 중국 기업의 비전문화를 보여주는 현상들 정리해 본 것이다.

첫째, 기업의 규모가 작은데도 불구하고 툭하면 이름에 '그룹' 자를 붙인다.

둘째, 상장회사임에도 불구하고 경영자 스스로가 기업의 핵심 산업은 무엇인지 말하지 못한다.

셋째, 제품 구조가 복잡하고 주요 제품 선정에도 우유부단해서 생산 집중도가 떨어진다. 그래서 생산라인 조성 효율도 떨어진다. 원재료, 부자재 공급선이 복잡하고 재고관리 어려움이 극심하다.

넷째, 기업규모는 작으면서 무리하게 시장을 늘려 점유율은 거의 없고 세일즈 비용이 과다해 마케팅 효율이 낮다.

다섯째, 관련부문과 결합부문 전체를 혼자 다 하려고 든다. 다시 말해 옆에서 돈을 벌어가는 꼴을 못 보는 것이다. 컵라면을 만드는 데 라면용기도 만들고, 라면용기를 만들고 나서 포장지까지 만든다. 포장지에 인쇄를 하고 잉크와 인쇄기까지 만들려고 하는 식이다. 이런 기업은 경박하고 자신감이 없어 보이게 마련이다. 처음부터 자신이 무엇을 해야 하는지, 무엇을 할 수 있는지, 무엇을 잘 할 수 있는지도 모르는 것이다.

전문화와 다원화의 관계

이 주제는 오랫동안 논쟁거리가 되어왔다. 유효한 자원으로 최대 효과를 거두게 한다는 관리이론 측면에서 보면, 다각화가 아니라 전문화를 중요시해야 한다. 전문화를 해야 기업이 가장 유효한 자원을 집중해서 자신의 핵심 경쟁력을 만들어나갈 수 있기 때문이다. 핵심 경쟁력이 없는 기업은 시장에서 도태될 수밖에 없음은 자명하다.

중국에서 이같은 문제를 두고 논쟁이 그치지 않는 데에는 한 가지 중요한 이유가 있다. 바로 중국 시장의 주요 성장기였던 개혁개방 시기에 기업들에게 굉장히 많은 성장기회가 주어졌었기 때문이다. 아무나 그 중 하나를 잡으면 회사는 급성장하고 돈도 많이 벌 수 있었다. 그러한 상황을 장웨이잉 교수는 다음과 같이 말했다.

"과거 중국 기업가들은 동굴을 찾아 들어가 그냥 앉아 있는 것만으로도 보살이 될 수 있었다. 하지만 지금은 동굴마다 이미 사람들이 들어차 있기 때문에 자기가 동굴을 파고 들어가 앉은 다음 보살이 될 수 있는지 눈치를 봐야 한다."

다원화는 중요한 경영전략의 하나로 1960~1970년대에 서구의 대기업들이 널리 채용했고 성공사례도 많이 남겼다. 이러한 다원화 경영의 성공을 위해서는 몇 가지 필수적인 전제조건들이 있다. 예를 들어 본업이 잉여자본을 흡수하지 못할 정도로 남아돌아야 다원화를 고려할 수 있는 자격을 갖게 된다. 다원화를 실행할지 여부는 기업이 새로운 사업에 진입하는 데 필요한 기술, 관리, 판매능력을 가지고 있는지를 먼저 따져봐야 한다. 업종마다 앞의 3가지 요인이 서로 다르기 때문이다.

1970년대가 다원화의 성공시대였다면 1980년대 말기에는 많은 기업들이 본업으로 회귀하는 형상을 보였다. 그리고 지금도 핵심 경쟁력에 주력하는 기업들이 세계적으로 늘어나는 추세이다. 그 예로 GE는 80년대 중후반 다원화에 대해서 전면적인 재조직에 들어가 해당 업종에서 1, 2위를 차지하는 업종만 경영한다는 원칙을 내세웠다. 결국 200여 회사를 13개로 재조직하기에 이르렀다. 구매공정은 일체를 외부의 전문 물류회사에 도급을 주고 내부 역량과 자원에 집중하면서 핵심 능력을 강조했다.

잭 웰치는 다원화 전략의 전제조건을 다음의 4가지로 축약해 강조했다.

첫째는 기초투자액 1억 달러 이상일 것, 둘째는 핵심 사업의 연성장률 30% 이상일 것, 셋째는 진입 후 과학적 예측상 미래 3년 내에 동종업계 3위에 진입할 수 있을 것, 마지막

넷째는 현재 기업이 가진 인력이 새로운 회사에서 경영진의 주축이 될 수 있을 것이다.

GE와 마찬가지로 코카콜라도 1980년대 말 포도주 사업을 정리했다. 포르쉐는 1990년대에 비행기와 운수업을 정리했다. 한국은 1997년 아시아 금융위기라는 폭풍에 참담하게 당한 뒤 대기업의 경우 다원화 업무를 평균 15개 정도 없앤 것으로 조사됐다. 지금은 정부에서도 대기업이 최대 4~5개 업종에만 종사할 수 있도록 규제하고 있기도 하다.

중국 기업의 대부분은 다원화 전략을 추진하는 데 부적합하다. 중국 기업은 자금뿐 아니라 기술과 인재 방면 모두에서 충분히 우월한 형편이 못 되기 때문이다. 무엇보다 유한 자원을 전문 영역에 집중해야 상대적인 우월성을 확보할 수 있을 것이다. 전문화가 이루어져야 핵심 경쟁력을 갖추게 되고 기업의 발전도 지속가능할 수 있다.

'상록수'라는 명예를 얻고 있는 루관추는 완샹 그룹이 지속적으로 발전할 수 있었던 데에는 다음의 3가지 기본원칙을 잘 지킨 데 있다고 말한다.

그 첫 번째로 주업을 꼭 쥐고 크고 강하게 만든다는 것이다. 완샹 그룹의 주업은 자동차 부품을 생산하는 것이다. 완샹은 주업의 발전을 위해 자신의 기술, 인재, 시장과 공공관계 면에서의 우월한 위치를 굳혀 나갔다. 동시에 유관 국가정책과 법규를 비교적 철저하게 파악함으로써 정책 방면의 리스크를 대폭 낮출 수 있었다. 제품을 생산함에 있어서는 단일 부속품, 단일 조립품을 시스템통합 모듈 제품 생산으로 발전시켜 왔다. 현재 완샹 그룹은 자동차 보드 시스템을 위주로 모두 ISO9000과 QS9000 국제표준화기구의 인증을 통과했고 이미 기본적으로 기업규모에서 우월성을 확립한 상태이다.

두 번째로는 능력에 맞지 않는 투기를 하지 않는다는 것이다. 완샹 그룹은 지금까지 이윤이 비교적 높은 부동산, 자동차, 건재, 에너지 등 다른 영역에는 발을 들여놓지 않았다. 완샹은 이 방면의 전문 인력이 없으며 투자는 완샹이 가진 역량을 초과하고 있다고 생각하기 때문이다. 루관추는 기업의 성공은 발전 속도가 얼마나 빠르냐에 있는 것이 아니라 실책을 줄이거나 심지어 피하는 데 있다고 생각했다.

치명적인 잘못 하나가 기업이 그때까지 쌓아온 성취를 망칠 수 있기 때문이다.

세 번째로는 국가가 이끄는 산업 방향을 유심히 파악하여 하이테크, 고부가가치 산업이 아닌 사업을 하지 않는 것이다. 그 결과 완샹은 양과 규모의 확대를 위주로 한 전통적인 발전방식에서 벗어나 품질을 높이는 데 더욱 치중하게 됐다. 예를 들어 완샹은 매년 25.89%의 속도로 6년째 성장하고 있지만 현지 정부에 땅 한 뼘도 신청한 적이 없다. 오히려 완샹의 산업적 위치 덕분에 국가가 거시적 통제를 실시할 때마다 기회가 늘었다. 그것은 완샹의 산업이 선도성과 전망이 있고 국가의 산업지도 방향에 부합했기 때문에 국가의 거시정책상 강력한 지지를 얻기 충분했기에 가능했다. 2004년 여름 저장성에서 역사상 초유의 전력 부족사태가 생겼을 때 완샹 제품은 시장성이 우수하고, 효익이 높아 전력소비표지에서 현지 정부로부터 최우선으로 인정을 받았다.

완샹의 발전이 증명하고 있듯이 기업에서 무엇보다 먼저 이루어져야 할 것은 전문화다. 다원화를 하고 싶다면 먼저 전문성을 인정받고 그 다음 전문성과 유관한 영역 안에서 다원화해야 한다.

전문화와 다원화의 균형

다원화와 전문화는 일부 기업, 특히 대기업에서 비교적 논의가 많이 이루어지고 있다. 양자의 관계에 대해서는 우리는 2가지 관점을 가지고 있는데 하나는 다원화 경영을 주장하지 않는다는 것이고 다른 하나는 기필코 다원화 경영을 해야 한다면 먼저 전문화한 후에 다원화하는 원칙을 지켜야 한다는 것이다.

전문화와 다원화를 정하는 경계는 곧 란체스터법칙과도 같다. 이것은 제품의 시장점유율이 얼마에 이르렀을 때 독점적 위치를 가지게 되는가를 설명하는 법칙이다.

예를 들어 시장점유율의 최저목표치가 26.12%라고 한다면 점유율이 이에 미치지 못하면 업계 1위라 하더라도 여전히 불안할 수밖에 없다. 시장점유율의 상대적 안전치는 41.61%, 시장점유율의 최고목표치는 73.88%이다. 최고 목표치는 업계 시장을 독점한다는 조건이다.

이렇듯 란체스터법칙에 따른다는 전제하에 시장을 독점한 기업들은 다원화 전략을 채용해 새로운 사업을 개척하여 규모를 확대해도 무방하다. 독점은 시장의 필연적인 추세라고 생각한다. 성숙하게 발전한 시장에는 신제품을 제외하고 어느 종류의 제품이든 4~5개 대기업이 시장을 장악하고 있다.

중국의 경우 비교적 성숙한 시장이 형성되어 있고 독점 추세가 뚜렷이 나타나고 있다. 즉 신흥 기업이 시장에 진출하기는 매우 어려운 구조인 것이다. 그러나 13억 인구라는 슈퍼시장에서 한 제품이 시장을 독점하기는 그리 쉽지 않다. 많은 기업들이 다원화 문제를 검토하고 있지만 실제로 대부분은 '헛살'일 뿐이다. 자신을 잘 모르면서 머리만 뜨거워진 결과라고 생각한다.

중국에서 브랜드 가치 1위인 하이얼만 하더라도 2003년 자산은 42억 달러에 불과했다. 동종업계에서 세계 1위 기업인 시먼즈의 자산과 비교했을 때 무려 17배나 차이가 나는 것이다. 다른 기업은 말할 필요도 없다. 이 점을 기억하는 것이 중요하다.

렌샹이 최근 2년간 보여준 경영에서 배운 교훈도 잊어서는 안 된다. 렌샹은 중국은 물론 아시아 시장에서 PC판매량 1위를 자랑한다. 그러나 컴퓨터 시장 점유율은 란체스터 법칙에서 요구하는 최저치에 한참을 못 미친다. 이런 상황에서 렌샹은 다원화 전략을 실행에 옮기기 시작했다. 하지만 결과적으로 다원화 사업에서 렌샹은 커다란 진전을 보지 못했다. 고심해서 선정한 신성장사업이 대체로 좋은 성적을 거두지 못한 것이다. 휴대폰, IT서비스, 메인보드 같은 비핵심 사업도 마찬가지고 핵심 사업도 지위가 떨어지고 있다. 렌샹의 중국 컴퓨터 시장 점유율이 낮아지고 있는 것이다. 류찬즈는 여기에 대해 다음과 같은 결론을 내렸다.

"우리가 한때 자만이 지나쳤다. 이원화를 먼저 하면서 다원화를 시험했어야 했다."

다원화를 실행하면서 기억해야 할 것은 시장의 다원화를 포괄해야 하더라도 먼저 국내 시장부터 출발점으로 삼아

해외 시장으로 나가야 한다는 점이다. 세계 무대를 예상하면서 국내 시장을 안정적으로 차지해야 한다.

이것이야말로 중국 기업의 해외 시장 전략상 최선의 선택이라고 생각한다. 또한 중국 기업이 13억이라는 거대 시장에서 부동의 독점적 지위를 차지할 수 있다면 아무리 강한 경쟁자가 나타나도 실력으로 이길 수 있다고 생각한다. 그러므로 중국 기업은 세계로 나가기 위해 서두르기보다는 먼저 자기 뒤뜰이 안정적인지부터 살펴봐야 한다.

우리는 중국 기업이 해외로 나가는 데 반대하지 않는다. 그러나 반드시 국내 시장 먼저, 그 다음 해외 시장을 점령하는 것이 중요하다. 즉 안으로부터 밖으로의 전략을 짜라고 당부하고 싶다. 렌샹은 다원화 전략을 실행하면서 중국 내 PC 시장을 튼튼하게 다져놓지 않았다. 그 결과 미국의 델에게 틈을 내주고 말았다. 델은 신속하게 중국 PC 시장에서 영역을 넓혀 나갔다. 뿐만 아니라 HP의 PC도 렌샹이 아태지구에서 차지하고 있던 1위 자리를 대신 꿰어찼다.

류촨즈의 말을 빌려보자.

"렌샹은 뒤뜰을 살피지 않았고 델의 실력을 얕잡아 보았다."

렌샹이 주는 교훈은 결코 렌샹의 것으로 그치는 것이 아니다. 반드시 중국 기업 전체의 교훈이 되어야 할 것이다.

시스템화:
성공은 시스템에서 결정된다

어떤 일이든 요소들이 유기적으로 결합되고 총체적 목표를 위해 모두가 협조해야만 완성될 수 있다. 관리는 하나의 시스템 공정이다. 어떤 한 가지 행위만으로 목적을 달성할 수 있는 것이 아니다.

전국노동모범칭호를 받은 장빙구이는 중국 전역의 비즈니스 전선에서 빛나는 깃발이 되고 있다. 장빙구이는 베이징 왕푸징백화점의 캔디코너 담당 판매원이다. 그는 세일즈를 세밀한 단계로 나누어 철저히 연구한 끝에 세일즈 업무를 예술행위로 승격시켜서 고객들에게 기쁨을 선사하고 있다. 많은 고객들은 이미 장빙구이의 세일즈를 일종의 퍼포먼스로 받아들이고 있다. 지팡이를 짚은 한 노인은 자주 이곳을 찾아 그의 세일즈를 감상하다 이렇게 말했다.

"매일같이 자네가 성실하게 판매대를 지키면서 열정적으로 손님들에게 서비스하는 걸 보면 내 병까지 낫는 것 같네."

한 음악가는 장빙구이를 보고 나서 이렇게 말했다.

"세일즈 동작 하나하나가 우아하고 아름답고 리듬감이 넘칩니다. 음악을 곁들이면 아주 감동적인 선율을 느낄 것 같아요."

그는 어떻게 이런 경지에 이르게 될 수 있었을까? 자신의 분야에서 어떠한 시스템으로 달인의 경지에 오를 수 있었는지 살펴보도록 하자.

첫 번째, 그는 철저한 서비스 정신으로 세일즈에 임하고 있었다. 그는 말했다.

"우리 판매원들은 가슴의 타오르는 불길로 고객의 마음을 따뜻하게 해줍니다. '완벽하고 철저하게' 고객에게 서비스하는 정신의 불길입니다."

두 번째, 그는 기술의 달인이 되기 위해 끊임없이 노력한다. 당시 중국 최대의 비즈니스 중심에 있던 베이징백화점은 인구유동량이 많은 반면 물자는 상대적으로 부족했다. 그래서 고객들은 항상 길게 줄을 서서 기다려야 했다. 이 시간을 줄이기 위해 장빙구이는 세일즈 기술과 암산법을 연마해 마침내 단번에 사로잡는 일조준−抓準과 단번에 계산하는 일구청−口淸을 철저하게 몸에 익힐 수 있었다.

중국에서는 캔디를 저울에 달아 판매한다. 일반적으로는 한번에 손에 쥐는 캔디 수량이 일정하지 않지만 일조준 기술을 연마한 장빙구이는 캔디를 쥐어 저울 위에 올려놓을 때 단 번에 고객이 요구한 양을 정확하게 올려놓을 수 있다. 뿐만 아니라 종류도 다양하고 가격도 다른 캔디들을 고객이 주문하는 즉시 가격을 말해 줄 수 있는 일구청의 달인이 되었다.

세 번째, 그만의 방법을 개발했다. 세일즈를 하면서 그는 '맞고 묻고 인사하기'의 방법을 개발했는데 이 방법은 고객 한 사람을 응대하고 있을 때 두 번째 고객에게 무엇을 살지 물어보는 동시에 세 번째 고객에게 인사를 하면서 준비를 끝내는 것이다.

네 번째, 효율성을 높이기 위해 매사에 연구했다. 그는 세일즈 단계를 서비스 과정 묻기, 집기, 달기, 포장하기, 계산하기, 돈 받기의 6개 단계로 나누었다. 그리고 매 단계마다 끊임없이 연구해서 고객 1인당 세일즈 시간을 3~4분에서 1분으로 줄였다.

다섯 번째 소비자 심리를 연구했다. 그는 경험을 바탕으로 고객마다 좋아하는 것과 구매 동기가 다르다는 점에 주의를 기울였다. 그리고 고객을 연구한 뒤 고객의 심리에 맞추어 서비스의 품질을 높였다.

여섯 번째로 언어의 친화력과 표현력을 높였다. 그는 고객에게 감동을 주는 말, 간결하고 명료한 말을 표현하기 위해 독학으로 언어학을 공부했다. 그 후 언어 전달력이 좋아지고 고객과의 친화력도 높일 수 있었다.

일곱 번째, 세상을 품고 사업하듯 업무를 본다. 그는 말한다.

"판매 업무는 경제행위이면서 정치행위이다. 팔고 사는 관계이면서 서로에게 서비스를 해주는 관계이다. 판매원 한 명의 서비스 태도가 나쁘면 외지인들은 너희 도시 서비스가 나쁘다고 말할 것이다. 해외 동포들은 조국에서 따뜻함을 느끼지 못할 것이고 외국인들은 중국 문명 수준을 낮다고 할 것이다. 우리는 평범한 일을 하지만 역할을 잘해야 하며 책임이 막중하다."

여덟 번째로 복장이 반듯한지 항상 확인한다. 그는 기술 뿐 아니라 복장도 중시해서 날마다 정갈하게 차려입고 머리도 단정하게 손질한다. 머리는 매주 이발하고 매일 수염을 깎고 구두를 닦는다. 그리고 다음과 같이 말했다.

"판매대는 늘 신경 써서 깨끗하게 해야 고객이 기분 좋게 물건을 산다. 특히 우리처럼 식품을 파는 곳이 더러우면 고객의 비위가 상할 텐데, 그럼 어떤 고객이 다시 우리 캔디를 사러 오겠는가?"

아홉 번째로 그는 사실에 입각하여 진실을 탐구하려는 실사구시 정신을 중시했다. 장빙구이는 기술 연마를 강조하지만 그렇다고 세일즈에서의 기계 역할을 배척하는 것은 아니다. 한번은 그가 충칭에서 일조준을 시연해 보일 때였다. 이미 65세라는 고령이었던 그는 이따금씩만 판매대에 서곤 했다. 캔디의 종류와 크기가 달랐지만 그는 5냥, 4냥, 3냥,

2냥을 시연할 때마다 모두 한 번에 정확하게 잡아 보였다. 그러던 어느 날, 약간의 실수가 있었다. 조수가 그의 체면을 살려주려고 저울에 손을 쓰려 했지만 장빙구이는 조수의 행동을 제지했다. 별수 없이 조수가 캔디를 몇 개 내려놓으니 무게가 정확하게 맞았다. 장빙구이는 무대 아래 동료들에게 이렇게 말했다.

"정확함, 이것은 절대적인 것이 아닙니다. 100% 정확하다면 저울을 쓸 일이 없겠지요. 내가 시연을 한 것은 현란한 기술이 아니라 단련에서 기술이 나온다는 것, 여러분이 기술을 열심히 연습하기를 바라는 마음으로 시연한 것입니다. 솔직히 말씀드리면 어젯밤에도 호텔에서 이 연습을 했습니다."

사람들은 그의 기술보다도 이런 진정한 말에 뜨거운 박수를 보냈다.

열 번째, 오랫동안 견지하는 태도이다. 장빙구이는 1955년 11월부터 백화점 판매대에 서기 시작해 30여 년간 400만에 가까운 고객을 맞이했다. 일을 시작하던 처음만 빼고 고객과 얼굴을 붉히거나 말싸움을 한 적은 한 번도 없었다. 어떤 고객에게도 소홀히 대한 적 없었다. 이렇게 장빙구이는 안팎으로 시선과 언어, 동작, 표정, 걸음걸이, 태도 등 모든 신체기관을 조화시켜 예술의 경지를 만들어내 세일즈의 모범이 되었다.

이렇듯 장빙구이가 창조한 세일즈 서비스의 예술적 경지는 결코 단순히 한 방면이 뛰어나서 이루어진 것이 아니다. 모든 방면이 조화롭게 결합되어야만 달성될 수 있다.

한마디로 성공은 시스템으로 결정되는 것이다. 디테일 경영은 바로 이런 시스템 안에서 디테일을 통해서 업무흐름과 업무직책을 더 나눌 수 없는 단위로 세분한다. 그리고 단위들을 긴밀하게 연결한 기초 위에서 매 단위마다 기술을 높이는 것이다.

이것이 바로 뒤에서 설명할 '작은 일을 디테일하게, 디테일을 더욱 철저하게'라는 디테일 경영의 핵심 메시지다.

1단계 문제를 체계적으로 관찰하고 사고하는 법을 배운다

경영은 시스템 공정이다. 그러므로 경영에서 가장 중요한 점은 바로 문제를 체계적으로 관찰하고 사고하는 법을 배우는 것이다. 2001년 2월 21일, CCTV 뉴스는 장쩌민 국가주석이 올림픽위원회평가단과 회견을 가졌다는 소식을 보도했다. 이 보도에 대한 해설은 정확했다. 하지만 당시 텔레비전 화면상으로는 이 보도 내용과 상관없는 화면들도 지나갔다. 당시의 상황과 심경을 장쩌민은 저서를 통해 다음과 같이 이야기했다.

"오늘 오후 나는 같은 회의실에서 두 차례 회견을 가졌다. 하나는 당연히 보도되어야 할 것이고 다른 하나는 보도되지 말아야 할 것이었다. 내가 올림픽위원회평가단을 접견한 일을 보도한 것은 당연히 보도될 수 있는 것이었다. 하지만 개인적으로 옛 친구를 만난 것은 업무상의 만남이 결코 아니었음에도 불구하고 보도되었다. 평가단 방문에 관한 해설은 정확했지만 화면에서는 혼동이 있어 나와 친구가 개인적으로 만나는 장면이 나가고 말았다.

사실 내 잘못이다. 내가 같은 회의실에서 두 차례 손님을 만나지 말았어야 했다. 편하게 생각하면 사소한 일 같고 올림픽위원회평가단도 이 잘못을 알아챘을 거라고 확신하지는 않지만, 이런 잘못은 우리가 전문가로서의 정신자세, 세심함이 얼마나 불충분한지를 반영하고 있다. 이런 일이 다시 일어나서는 안 될 것이다.

나는 엔지니어다. 사람은 누구나 실수를 하지만 엔지니어는 반드시 잘못의 원인을 분석해야 한다. 그것이 우연한 잘못인지 소홀함에서 비롯된 문제인지 아니면 생산라인의 시스템적 착오로 빚어진 문제인지를 살펴야 한다. 이 세 가지 상황은 구별해서 대처해야 한다. 생산라인의 문제라면 반드시 해결되어야 할 문제다. 너무 자책해서도 안 되고 부하들에게 화를 내서도 안 된다. 그러나 밤 10시에 다시 방송할 때의 화면은 착오 없이 정확한 화면을 내보내야 한다."

CCTV 사장 자오화융은 문제가 어디서 생겼는지 금세 발견했다. 촬영과 편집 사이에 아무런 소통이 없었던 것이다. 서면으로도 구두상으로도 없었다. 장쩌민은 오후 4시에 회견을 했고 촬영기자들은 촬영을 마치자마자 서둘렀지만 6시가 넘어서야 방송국에 도착했다. 편집실에서는 저녁 7시 전에 최종 편집을 마치기 위해 서둘러 필름 편집을 시작했다. 촬영기사들은 아무런 통지를 못받은 상황에서 장쩌민의 두 차례 회견 장면을 모두 촬영했고 결국 동일인물이 편집되지 않은 채 방송되는 사고가 발생했다. 텔레비전 제작도 자동차 제조와 마찬가지로 생산라인 각 단계마다 정확한 소통은 대단히 중요하다.

장쩌민은 자오화융에게 말했다.

"이 일은 확실히 내가 방심한 거예요. 내가 같은 장소에서 두 번 손님을 맞아서 촬영기사들이 혼동을 한 거지요."

"아닙니다. 저희 잘못입니다. 이것은 시스템상 잘못입니다. 저도 개인적으로 책임을 질 것이고 달게 처벌을 받겠습니다. 또 직접적인 책임자들에게도 징계를 내리겠습니다."

장쩌민은 그러지 말라고 자오화융을 말리며 이렇게 말했다.

"기자나 촬영기사, 편집인 모두들 정말 애썼습니다. 이 사람들이 앞으로 일을 더 잘하게, 계속 수준을 높여가게 격려하면 되는 겁니다. 아시잖습니까. 나도 관련부문에다 전화 한 통 걸지 않았습니다. 우리 둘이 이렇게 해결한 걸로 된 겁니다."

자오화융은 뒤에 이 일화를 회고하면서 이렇게 말했다.

"나는 장 주석이 어째서 이렇게 긴 시간 동안 정사와 무관한 일을 얘기했는지 깨달았습니다. 그는 내가 이 곤란한 일을 겪고 나서 냉정을 찾고 자신감을 회복하기를 바랐던 것입니다. 생각해 보십시오. 국가주석이 직접 저를 깨우쳐주고 위로해주고 심지어 과도하게 반응하면서 부하를 처벌하지 않도록 말리는 광경을요. 나는 정말 감동했습니다. 이 일은 죽어도 잊지 못할 것입니다."

위의 일화에서 특별히 강조하고 싶은 것은 장쩌민이 잘못의 3가지 원인을 찾을 때 엔지니어 경영사고에 입각해 '시스템 문제'를 거론했다는 사실이다.

우리가 강조하려는 것이 바로 이 점이다. 문제를 시스템 안으로 끌어와 검토하기 위해서는 체계적으로 문제를 관찰하고 사고해야 한다. 이것은 최종적으로 문제를 해결하는 데 도움이 된다.

2단계 효율적인 시스템을 만든다

성공은 시스템에서 결정된다. 조직이 자기 목표를 실현

하기 위해서는 반드시 목표로 방향을 잡고 제도로 보증을 삼고 문화로 정신을 조직하는 시스템을 갖추어야 한다. 그러므로 경영자의 중요한 임무는 효율적이고 잘 돌아가는 시스템을 구축하는 것이다. 어느 회사나 조직을 굴러가게 하는 시스템을 가지고 있다. 그러나 시스템의 안정성, 효율성 등의 지표는 다 똑같지는 않다.

부동산회사 완커 그룹의 경영시스템은 매우 독특한 매력을 지니고 있다. 다음 2가지 사건은 완커 그룹 시스템의 매력을 잘 보여준다.

첫 번째 경영자 개인이 아니라 제도와 프로그램에 의존해 회사가 굴러간다. 왕스 회장은 일 년에 몇 개월은 회사를 비운다. 자기가 좋아하는 등산, 헹글라이더 같은 극한 스포츠를 즐기기 위해 자리를 비우는 것이다. 그러나 다른 절대다수의 부동산회사 사장들은 실적 면에서 완커를 뛰어넘기도 못하거니와 사장이 일정 시간 회사를 비우는 일은 매우 드물다. 심한 경우 외지에서 열리는 일주일간의 회의를 견디지 못하고 중도에서 회사로 달려와 업무를 처리하는 사장도 있다. 대부분 최고경영자에 대한 의존도가 대단히 높은 회사들이다. 이것은 회사 운영이 시스템과 프로그램으로 굴러가는 것이 아니라 최고위 소수에 의존해 굴러간다는 의미이다.

두 번째, 핵심인재들이 이직을 하더라도 완커를 흔들만큼 영향을 주지 않는다. 실제로 최근 몇 년 사이 인재들이 완커를 떠났다. 그러나 완커는 업무와 발전 속도에 아무 영향을 받지 않았다. 오히려 매년 30% 이상 성장하면서 2003년에는 총매출액 63.8억 위안을 달성했다. 동종업계 성과를 저만치 따돌리기에 충분한 성적임은 분명하다.

완커가 이렇듯 튼튼하게 성장할 수 있었던 배경에는 효율적이고 잘 다듬어진 시스템이 있었다. 이러한 완커의 사례는 회사가 한 사람 혹은 몇몇 스타급 경영자에 의존한 결과가 아니라는 것을 보여준다. 중국 부동산업계에서 20억 위안에 가까운 연매출액을 과시하는 완퉁부동산회사 펑룬 회장은 이렇게 주장했다.

"많은 동종업계 인사들이 완커의 완전한 시스템 역량과 가치를 인정한다. 관리수준 하나만 비교할 때 완퉁의 관리수준은 완커에 3~5년 뒤처져 있다."

평룬은 2003년 초 부동산업계에서 인정받은 특별기고문 「완커를 롤모델로 배워라」을 발표했고 그해 10월에서 12월 사이에 완퉁 각 조직부문을 완커 총괄부문에 보내 일대일 학습을 시키기도 했다.

디테일 경영은 반드시 최적의 시스템을 갖추는 데에서부터 시작되어야 한다. 머리 아프다고 머리에 약 바르고 이 아프다고 이에 약 바르는 식으로는 절대 이루어질 수 없다. 시스템 설계를 최적화하기 위해서 가장 주안점을 두어야 할 것은 기업자원을 최대로 이용하는 것이다. 디테일 경영이라는 기업 총체에 관련된 일에는 기업 프로세스 체계의 시스템 설계와 총체자원의 협조와 조화가 요구된다.

디테일 경영을 하고자 할 때 가장 우선이 되는 일은 전체 업무공정 각각의 접점, 공정간의 협력을 고려하는 것이다. 동시에 각 자원의 배치를 최적화하는 등 디테일한 부분을 고려해야 한다.

3단계 기술보다는 제도가, 제도보다 가치관이 먼저

가치관이 무엇보다 우선시 되어야 한다. 그 다음이 제도, 기술 순서다. 이것은 조직과 시스템을 만들 때 반드시 지켜야 할 원칙이다.

가치관은 조직과 시스템에 풍향계를 매다는 일과 같다. 방향이 틀리면 자원의 막대한 낭비를 불러온다. 거꾸로 정확한 가치관이 있더라도 여기에 완전히 부합하는 제도가 없으면 가치관 실현을 보장하지 못한다. 가치관과 시스템은 엇박자가 되어 결국 시스템을 망치게 한다.

제도는 기술이 제 역할을 발휘할 수 있게 하는 안전장치다. 그런데 정확한 운영제도가 없다면 기술이 업무효율과 경영의 효율을 높이는 데 걸림돌이 될 수 있다. 좋은 제도는 직원들이 업무를 과학적으로 수행하고 창의적인 기술을 발휘하도록 고무하는 것이다.

나쁜 제도는 창의성을 적극 발휘하는 데 걸림돌이 된다. 조직과 시스템 내부에는 늘 어떤 방식이든 능력을 발휘할 여지가 있어야 한다. 제도는 이것을 보증한다는 점에서 특수한 중요성을 띤다.

다음 이야기를 읽어보자.

스님 7명이 함께 살았다. 하지만 끼니때마다 7명에게 주어지는 것은 죽 한 통이 전부였다. 7명이 배부르게 먹기에는 죽이 넉넉하지 않으니 매 식사때마다 죽을 어떻게 나누는가에 대한 고민이 이어졌다. 처음에는 한 사람이 하루씩 맡아 배식을 하기로 했다. 그 결과 누구나 일주일에 자기가 배식을 맡은 당일에만 배를 채울 수 있었다. 누구 그릇에 얼마큼 죽을 담을지는 배식 담당 스님이 결정하기 때문이다. 머지 않아 이 방법에 불만이 터져 나왔다. 이번에는 도덕과 인품이 높은 스님을 뽑아 배식을 맡기기로 했다. 권력은 부패를 부른다고 했던가? 이 방법 역시 각자 갖은 궁리를 짜내 그의 비위를 맞추고 뇌물을 먹이기 시작하면서 금세 난장판이 되어버렸다. 다시 토의를 거쳐 3명으로 구성된 죽배식위원회와 4인으로 구성된 심사위원회가 조직되었다. 그러자 서로가 헐뜯느라 만날 식어버린 죽만 먹어야 했다. 결국 스님들은 최후의 방법을 생각해냈다. 돌아가며 죽을 배식하되, 배식 담당은 다른 스님들이 죽그릇을 골라간 다음 남은 그릇의 죽을 먹기로 한 것이다. 가장 적은 걸 먹지 않으려면 죽을 나누는 사람은 아주 공평하게 담아야 할 것이고 설령 좀 덜 먹더라도 그건 자기 탓인 것이다. 스님들은 흡족했고 사이가 좋아져서 점점 잘 지내게 되었다.

위 이야기가 말하는 것은 제도가 달라지면 당연히 결과도 달라진다는 것이다. 물론 이 이야기는 지극히 이상적인 이야기다. 현실에서 제도는 한번 정해지면 바뀌기가 쉽지 않다. 이 이야기에서 말하는 제도개혁은 분배에 국한되어 있고 생산과 교환 등 측면을 아우르고 있지는 않지만, 제도의 중요성을 설명하는 데는 충분하다.

다음의 이야기는 실제 경영실천에 더 직접적인 가르침을 준다.

세계은행은 「2003년 투자환경」이란 보고서에서 다음과 같이 지적했다. 세계의 많은 빈곤국가가 이념의 착오와 제도의 잘못으로 인해 손실을 입고 있다. 앙골라는 화폐 반출을 금지한다. 이 법률에 따라 남녀 여행객들은 각각 공항에 설치된 두 개의 반투명 공간에서 줄을 서서 신체검사를 받아야 한다. 그러자 공항 경찰들은 공공연하게 승객들의 가방, 지갑, 주머니를 뒤지고 본국 화폐가 나오면 모두 압수했지만 수취증은 단 한 장 써주지 않았다. 이런 잘못된 규정 때문에 여행객들은 인권을 침해당하고 부패 경찰이 기승을 부리게 되고 말았다.

힘들고 귀찮은 절차는 대개 모든 빈곤국가의 경제 발전을 막는 주요 장애물이다. 아이티에서는 회사를 새로 등록하기까지 총 203일이 걸린다. 오스트리아보다 201일이 더 걸리는 것이다. 에티오피아에서 회사를 새로 차리는 업주는 은행계좌에 18년 평균수입액에 맞먹는 돈을 넣어두어야 한다. 그러면 정부는 그 돈을 동결한다. 이 제도들은 전 세계 가장 부유한 42개국을 통해 불필요하다는 점이 증명되고 나서야 모두 없어졌다.

나이지리아의 비즈니스는 모두 나이지리아의 최대 도시인 라고스에서 이루어진다고 해도 과언이 아니다. 이곳은 토지매매를 하기 위해 총 21번의 절차를 거쳐야 하고 총 274일이 걸린다. 정부에서 거두어들이는 수속비는 토지거래 가격의 27%를 차지한다. 노르웨이에서는 똑같은 일이 처리되기까지 채 하루가 걸리지 않는다. 비용도 토지거래

가격의 2.5%에 불과하다.

빈곤국가에서 비즈니스를 할 때 드는 관리비와 수속비는 부유한 국가보다 낮게는 두 배에서 높게는 네 배 가량 높다. 그러다보니 법규를 지키기가 어렵다. 이런 이유로 빈곤국가의 기업주들은 왕왕 비정상적 방법을 택하곤 한다. 즉 소규모 경영을 유지함으로써 납세를 피하는 것이다. 사실 기업주들도 국영은행 시스템하에서는 신용대출을 얻을 방법이 없기 때문에 대규모 경영으로 성장할 일도 없다. 어쨌든 사람들은 온갖 방법을 동원해 법망을 빠져나간다. 법적 구속을 받지 않기 때문에 법률은 휴지조각과 다를 바가 없다.

이런 정황들은 정부가 서비스 정신이 없거나 또는 서비스 이념이 잘못되었기 때문이다. 법률 규정이 인간행위의 걸림돌이 되고 경제 발전의 발목을 잡는다. 제도가 사람들을 힘들게 할수록 사람들은 뇌물로 괴로움을 피하려 한다. 그 결과 사회는 부패한다.

빈곤국가 정부가 국민소득을 올리려고 쓰는 방법은 늘 법령 제정이다. 가령 회사에 임금을 높이라는 규정을 만드는 식이라 할 수 있다. 이런 규정이 기대한 효과를 거두는 일은 극히 드물다. 가령 최저임금이 과도하게 높으면 취업기회가 점점 줄어 오히려 가장 원치 않는 결과를 불러올 수도 있다.

부르키나파소는 야간과 주말 노동을 금지하고 있다. 직원을 해고하고 싶을 때 업주는 반드시 그에게 재교육을 시켜 다른 업무를 배정해야 한다. 또한 18개월치 급여에 상당하는 금액을 지불해야 한다. 이런 부담 때문에 기업은 고용 자체를 꺼리고 90%가 넘는 부르키나파소인이 지금도 농민으로 남아 있다. 터키에서는 기혼여성의 사직 여부를 결정하는 데 1년의 시간을 준다. 사직 결정을 내리면 고용주는 해고비를 주어야 한다. 이렇게 되자 기업 대부분이 남자를 고용한다. 결국 정식으로 취업한 기혼여성은 16%에 불과하다. 기혼여성 등 약자를 보호하려는 취지에서 만든 법률이 결과적으로는 기혼여성의 취업을 막는 꼴이 되어버렸다. 뿐만 아니라 여성의 지위를 개선하는 데도 부정적인 영향을 주고 말았다.

지금까지 말한 몇 가지 예는 이념들이 잘못되었다고 할 수 없다. 하지만 제도가 잘못 만들어진다면 이런 시스템도 기대와는 달리 정반대의 결과를 낳게 된다.

4단계 시스템의 상대적 안정성을 유지한다

중국 경제는 이미 과잉공급 상태의 경제로 진입했다. 기업경쟁력은 이미 단일생산품에서 토털 시스템 규모 및 종합 실력으로 확대되었다.

1990년대 중국 기업은 하나 혹은 몇 가지 제품으로 굴러갈 수 있었다. 이들은 광고 등 매체 선전 효과를 이용하여 기업 이윤을 극적으로 상승시키며 급속도로 덩치를 키워나갔다.

CCTV '퍄오왕' 광고도 이러한 배경으로 탄생하게 됐다. 그러나 경제가 발전하면서 한 가지 방면, 한 가지 상품의 우월성에만 의존하는 기업 발전 전략은 시장경쟁에서 완전한 시스템과 규모화를 갖춘 기업에게 우위를 내주게 되었다. 이러한 현실을 인식하지 못했던 기업은 시장으로부터의 충격을 이기지 못했다. 한때 잘나가던 쌴주, 아이둬, 페이룽, 친츠 같은 기업들의 실패는 바로 시대가 이렇게 바뀌었음을 보여주는 징표다.

맥킨지가 중국에 입성하려다 몇 차례나 실패했던 경험은

경솔한 시스템 변경이 기업에 얼마나 큰 해를 끼치는지를 설명하는 데 좋은 사례가 된다.

1926년 설립된 미국의 맥킨지는 세계 선두를 달리는 경영 컨설팅회사다. 업무 네트워크가 전 세계에 뻗어 있고 43개 국가에 82개 지점이 있다. 직원은 9,000명에 가깝고 세계 500대 기업 절반 이상이 이 회사의 고객이다. 맥킨지는 세계 200대 기업 가운데 187개사에 컨설팅 서비스를 제공하고 있다. 이 187개사에는 전체 120개인 금융서비스사 가운데 80개사, 그리고 세계 최대 화학제품사 11개사 가운데 9개사, 세계 최대 제약회사 22개사 가운데 15개사가 포함되어 있다. 그 밖에 맥킨지는 400여 고객회사들과 15년간의 합작계약을 맺고 있다. 미국의 『포cbs』지는 '세계에서 가장 저명하고 가장 보안이 철저하며 가장 명망 있고 가장 실적이 좋고 가장 신뢰와 존경을 받는 기업'으로 맥킨지를 한껏 칭찬했다.

그러나 이런 맥킨지가 중국의 왕푸징백화점, 러바이스, 스다컴퓨터와 콩카 그룹 등 유명 기업과의 합작에서는 연이어 실패하고 말았다. 맥킨지의 합작 실패는 한때 '서구 컨설팅사의 본토화' 논의를 불러일으켰다. 이 논의는 2가지 시사점을 던져 준다. 하나는 국제적 대기업은 모두 현지화의 문제를 안고 있다는 점이고 나머지 하나는 중국 기업 역시 해외에 진출해서 현지 업계와의 통합 문제를 안게 된다는 것이다.

동시에 이 논의는 시스템의 이유로 목표 실현이 불가능할 때 어떻게 시스템을 변화시킬 것인가라는 문제를 던졌다. 어느 시스템이든 몇몇 사소한 오류가 시스템 내의 문제를 일으킬 수 있다. 이러한 문제들이 시스템 범위 안의 것이라면, 이러한 사소한 착오는 용인될 수 있고 바로 수정하면 될 것이며 갑작스레 시스템을 바꾸어서는 안 될 것이다. 그러나 사소한 착오의 양이 시스템이 허락하는 범위를 넘는다면 시스템 변경을 고려해야 한다. 시스템 변경에는 시스템 통제 문제, 즉 통제하는 사람이 시스템을 조정하고 통제할 능력이 있는가라는 문제가 반드시 따른다.

위에 언급한 기업들이 성공하지 못한 이유는 갑작스런 시스템 변경에 그 이유가 있었다. 이 점과 관련해 런정페이 화웨이 회장이 발표한 유명한 이론이 있다.

"새로운 경영시스템을 도입할 때는 강화와 우월화, 그리고 공고화 해야 한다. 앞으로 5년까지 여러분은 유치한 창의를 해서는 안 됩니다. 고문 여러분이 제시하는 방법이 불합리하다면 여러분은 그것을 따라서는 안 됩니다. 5년이 지나서 인사조직이 안정되었을 때 나는 여러분이 진행하는 국부적인 변동을 받아들일 것입니다. 조직 차원의 변동에 관한 문제는 10년 뒤에 거론할 일입니다."

다시 말해 시스템이 한번 완성되면 가장 먼저 이것을 강화해야 한다. 즉 시스템의 효율적인 운영에 대한 규칙을 강화하면서 고집스레 집행해야 한다. 우리에게 부족한 것은 웅대한 뜻을 품은 지략가가 아닌 꼼꼼한 관리자이며 각종 관리제도가 부족한 것이 아니라 제도를 엄격하게 집행하는 실행력이 부족한 것이다.

중국인은 영리하다. 그렇지만 이런 머리를 규칙을 피해가거나 바꾸거나 망가뜨리는 데 쓴다. 자기가 만든 규칙은 다른 사람을 구속하는 데 사용한다. 자신은 면제권을 누리면서 규칙 밖에서 규칙의 구속을 받지 않아도 될 사람으로 생각한다. 모든 사람이 이러기를 바란다면 이것은 규칙이 없는 것과 다를 바 없다. 경영을 말할 때 중국인 기업들이 가장 곤란을 겪는 문제는 인정이라고 생각한다. 중화민족은 정이 유독 많은 민족이라는 사실은 세계적으로도 뛰어난 중국 문학작품으로도 증명된다. 하지만 이런 정서를 경영에까지 지나치게 불어넣으면 감정과잉이 되어버린다.

경영을 하면서 인간미가 지나치면 문제를 해결할 때 룰, 이성, 인정의 순서로 고려하는 것이 아니라 인정, 이성, 룰처럼 거꾸로 대처하게 된다. 인정을 따지면 당연히 룰이 인정에 떠밀리고 인정을 앞세우게 된다. 시간이 지날수록 경영방침은 유명무실해진다. 작은 오류들이 차곡차곡 쌓이고 그 피해들도 차곡차곡 쌓여서 결국 회오리급 사고가 터지든지 기업 시스템이 망가진다.

기업경영 초기단계에서는 반드시 규칙이 단단히 자리를 잡게 해야 한다. 이 과정을 통해서 직원들이 규칙에 대한 의식을 가져야 비로소 시스템이 안정적으로 돌아가게 된다. 그 다음, 조직 내부 문제들에 대해서 시스템에 의거해 고쳐나갈 수 있다. 이것이 '우월화'다.

지속적으로 시스템을 우월화하는 과정에서 문제를 부단히 고쳐나가다 보면 지금의 시스템 안에서 어떤 프로그램이나 부분적 업무에서 가장 이상적인 상태를 발견할 수 있다. 즉 효율의 최대화를 이룬 상태를 발견하게 된다는 것이다. 이것은 수차례 반복된 실천을 통해 증명된 것을 일정한 방식으로 고정화시킬 수 있다. 이것이 바로 '고정화'다.

시스템이 이것을 조정하지 않는 한 고정화된 것은 수백 수천 번이고 반복해서 효과적으로 사용할 수 있다.

데이터화:
디테일은 데이터 속에 숨어 있다

제품표준, 프로세스 보증표준은 경영에서 엄격히 요구되는 데이터다. 업무란 기업경영의 모든 운영과정을 말한다. 업무품질이란 업무효율, 합격률, 효과에 대한 평가를 말한다. 업무품질표준이란 업무과정이 도달해야 할 기준에 대한 요구를 말한다.

한 제약회사 CEO가 부임하자마자 이 기업의 목표를 살펴보았다. 아직도 전통적인 표현방식, 예를 들어 '고객과 긴밀한 관계를 유지한다', '정기적으로 성과를 검토한다'는 식의 모호한 개념으로 표현한 것을 발견했다. CEO는 이러한 표현방식은 실제 업무계획과 동기부여와 심사를 연결시키기가 힘들며, 관리와 통제 목표에 어긋난다고 생각했다. 계량화된 목표, 분담된 목표가 있어야지만 조직에 명확한 지침을 줄 수 있기 때문이다.

구체적인 목표는 조직과 구성원들에게 자신이 무엇을 해야 하고, 무엇을 하지 말아야 하는지 어떻게 해야 품질을 달성하고 어떻게 해야 우수한 제품을 만들 수 있는지를 알게 해준다. 그래서 CEO는 직원 한 사람 한 사람에게 10개 이내로 결정적으로 바꿔야 할 점을 찾아내라고 호소하고 아울러 자신이 바꿔야 할 업무를 구체적이고 계량화된 목표로 설정하라고 지시했다.

예를 들면 '계약을 맺은 후 2주일 안에 항목예산을 제출한다', '교부항목의 총지출은 예산의 3%를 초과해서는 안 된다'처럼 말이다. 이러한 방법으로 제약회사는 직원 각자가 업무달성 목표와 원칙을 명확히 알게 하고 업무효율을 극대화할 수 있었다.

MBO 데이터 목표관리

MBO 목표관리 개념은 1950년대 경영학의 대가 피터 드러커가 『경영의 실제The practice of Management』에서 제창한 것이다. 그는 다음 쪽의 그림처럼 기업의 전체 목표를 조직 단위, 조직 구성원의 목표체계로 바꾸는 방법을 제안했다.

MBO는 목표를 정해서 이를 달성할 시 성과배분이나 인사고과에 반영하는 형태이다. MBO는 개인의 성과를 측정하고 평가하는 도구로 사용된다. 물론 조직의 성과도 측정을 할 수 있으나 BSC처럼 하나의 조직 목표를 가지고 일맥상통하는 연결고리를 찾을 수는 없다.

〈목표 등급 구성표〉

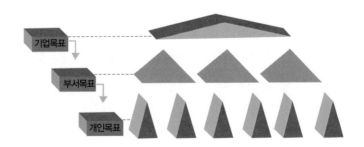

BSC는 성과를 측정하는데 있어 미래 지향적인 요소를 고려하여 4가지로 성과를 분류하여 측정하는 방법이다. 90년대 말에 등장하여 현재 널리 쓰이고 있는 방법론이다. 회계적인 성과 측정을 기본으로 하고 있어 비계량적 성과를 측정하는 데 어려움이 있는 단점이 있다. 하지만 기업의 전략적 목표와 일맥상통하는 지표를 산정하여 기업이 가고자 하는 방향을 모든 구성원들이 바라볼 수 있게 만드는 장점이 있다. 현재 경영학에서 성과 평가와 측정에 널리 쓰이고 있는 성과 측정지표다.

MBO 목표관리는 목표 설정, 결정 참여, 기한 규정, 성과 평가의 4개 단계로 나뉜다. 목표는 간단명료하고 구체적이며 계량화해서 설정해야 한다. 그저 '원가를 낮춘다' '단기적 업무의 생산성을 개선한다' '품질을 고수하며 소홀하지 않는다'는 식의 말들은 업무 방향, 단계성 업무의 중점 따위를 나타낼 뿐이다. 이렇게 임무들을 구체적 업무 속에서 어떻게 성취해낼 것인가에 대해 대다수 경영진이 구체적이지 않고 계량화하지도 않기 때문에 목표는 그저 형식에 그치고 결과는 흐지부지되어 버린다.

MBO에 따르면 '올해는 원가를 10% 낮추겠다' '지금부터 2년 안에 생산성을 12% 높이겠다' '지금부터 3년 안에 제품 합격률을 99.999967%까지 높이겠다'는 식으로 목표를 구체적으로 세워야 한다.

기업활동은 봄나들이가 아니다. 그러므로 기한 설정을 할 때에는 가령 '한 달 안'이라든지 '일 년 안'이라든지 언제 목표를 실현할지를 구체적으로 설명해야 한다.

MBO계획에서 말하는 지도·감독 과정은 곧 성과 피드백이라 할 수 있다. 목표 실현의 진척 정도를 각 개인에게 피드백함으로써, 행동을 조정하고 MBO와 발맞추어나가게 하는 것이다. MBO 성과 피드백은 일반적으로 정식 평가회 방식으로 이루어진다. 평가회에서는 상하급 직원 교류방식으로 진척상황을 공동으로 검토한다.

TQM의 기준화방식

경쟁사회에서는 다른 사람의 발전은 곧 나의 낙오를 의미한다. '자연도태, 적자생존'은 시장경제 불변의 법칙이다. 살아남기 위해서는 동종업계의 발전상황을 항상 체크해야 한다. 다른 기업의 품질표준, 생산성 제고, 자본 컨트롤 상황이 어떤지 알고 그것들을 자기 기업의 최저기준으로 삼아서 다른 기업을 넘어 선두를 차지해야 한다. 이 최저기준이 바로 기준화이다.

TQM은 1960년대 이후 크게 발전한 전사적 품질관리 TQC에서 발전한 개념이다. 이것은 제품이나 서비스의 품질 뿐만 아니라 경영과 업무, 직장환경, 조직 구성원의 자질까지도 품질개념에 넣어 관리해야 한다고 주장한다. 그러나 TQC에서는 통계학적인 것이 주 방법론이었다면 TQM은 통계학적인 것은 물론 조직적이며 관리론적인 방법론에 많은 비중을 두고 있다. 특히 품질을 개선시키기 위해서는 노동의 질적인 측면도 고려해야 한다는 일본식 품질관리 원리에 영향을 받으면서 발전했다.

TQM은 경영·기술 차원에서 실천되던 고객지향 품질관리 활동을 품질관리 책임자 뿐 아니라 마케팅, 엔지니어링, 생산, 노사관계 등 기업의 모든 분야에 확대하여, 생산부문의 품질관리만으로는 기업이 성공할 수 없고 기업의 조직 및 구성원 모두가 품질관리의 실천자가 되어야 한다는 것을 전제로 한다.

제록스는 1979년 미국 기업계에서 기준화 방식을 개발했으며 미국 최초로 기준화를 시행한 기업으로 인정받고 있다. 당시 제록스는 일본 제조상들이 어떻게 제록스의 투입 가격보다 낮은 가격으로 미국 시장에서 중형 복사기를 판매하는지 알고 싶었다. 제록스는 조사팀을 일본 기업에 파견해 일본 경쟁상대의 자본 컨트롤과 생산과정을 연구하게 했다. 대부분의 정보는 제록스와 후지가 합자해 만든 후지제록스에서 나왔다.

일본 경쟁상대가 효율 면에서 한참 앞서 있다는 사실을 알아낸 제록스는 각종 효율지표를 기준화하는 데 착수했다. 이것은 제록스가 복사기 시장에서 선두 지위를 되찾을 거라는 신호였다.

현재 제록스 외에도 AT&T, 듀폰, 포드, 이스트만 코닥, 모토롤라 등 많은 기업이 기준화를 품질개선의 표준 도구로 삼고 있다.

포드는 80년대 초기 타우루스 지프를 개발할 때 기준화 방식을 이용해 대성공을 거두었다. 이 회사는 400여 고객이 가장 중요하다고 생각하는 성능 표준을 뽑아냈다. 그 다음, 경쟁상대의 지표에 동등하게 미치거나 넘어서는 최고수준의 요구에 맞추어 성능 지표를 만들었다. 이 기준화에 따라 성능이 가장 우수한 타우루스 지프를 설계하여 제조했다. 타우루스가 1992년 현대화 공정에 들어갔을 때 포드는 모든 성능 지표에 대한 기준화 작업을 재차 진행했다.

예를 들면 최신의 타우루스 지프의 손잡이는 시보레 루미나의 기준화를 비교했고 간편변경식 미등 전구는 닛산 맥시마의 기준화를 비교했다. 또 반전식 방향반은 혼다 어코드의 기준화를 비교했다.

기준화 과정은 다음의 4개 단계로 이루어진다.

1단계, 기준화계획팀을 구성한다. 팀의 임무는 무엇을 기준화할 것인지, 경쟁상대는 누구인지, 어떻게 데이터를 수집할 것인지를 확정한다.

2단계, 내부 작업 데이터와 경쟁자의 데이터를 수집한다.

3단계, 데이터를 분석해서 성과의 차이를 찾아내고 이러한 차이를 만든 원인을 규명한다.

4단계, 개선 계획을 만들고 실시하고 최종적으로 경쟁자의 표준에 미치거나 넘어선다.

식스시그마 시스템

전 지구의 시장경쟁은 갈수록 격렬해지는 상황에서 기업들은 제품 품질과 관리효율을 높여야 하는 요구에 직면했다. 이런 배경 속에서 모토롤라는 1993년 식스시그마 관리모델을 만들어 시행했다. 그 후 이 회사의 생산율은 매년 평균 12.3% 증가했고 품질결함으로 인한 손실은 84% 감소했다. 모토롤라는 이 시스템으로 커다란 성공을 거두었고 세계에서 손꼽히는 다국적기업이 되었다.

1995년 GE도 식스시그마를 도입하며 생산효익 증가 속도가 빨라졌다.

매년 절약한 투입금 원금은 1997년 3억 달러, 1998년 7.5

억 달러, 1999년 15억 달러에 이르고 이윤율은 1995년의 13.6%에서 1998년 16.7%로 올랐다.

식스시그마 관리모델은 세계에 명성을 높이 떨치기 시작했다. GE의 잭 웰치 회장은 이렇게 말했다.

"식스시그마는 GE 역사상 가장 중요하고 가장 가치 있으며 가장 이윤이 높은 사업이다. 우리 목표는 식스시그마 기업이 되는 것이다. 이 말은 제품과 서비스, 비즈니스의 무결점을 지향한다는 의미다."

식스시그마에 관한 책은 많지만 대부분 어렵게 설명해놓은게 많다. 사실 식스시그마는 세 마디 말로 설명이 충분하다.

'식스시그마는 통계학 명사다. 식스시그마는 백만 분의 3~4인 확률을 가리킨다. 식스시그마 관리론 요점은 관리의 효율성을 높여 업무의 정확도를 기한다는 것이다.'

식스시그마 관리시스템의 목적은 제품 합격률을 꾸준히 끌어올리고 불합격률을 백만 분의 몇 수준으로 끌어내리는 것이다.

모토롤라사는 식스시그마의 발원지였다. 지금은 5~6개

시그마 수준(20개 실수/백만)에 달한다. 그동안 절약된 비용은 110억 달러나 되며, 전 세계 생산력이 8배로 늘어났다. 대다수 민간항공사의 안전 프로세스는 식스시그마 수준이다. 통계를 보면 GE는 식스시그마 실시 초기에는 3개 시그마 수준이었다. 하지만 22개월이 지나서 3.5개 시그마 수준으로 올라섰다.

식스시그마는 문제점을 진술한 후 개선 목표와 프로젝트별 진도 계획을 수립하는 정의단계, 고객 CTQ 계량화하고, 데이터를 수집하여 현재 품질수준 이해하는 측량단계, 데이터를 분석해, 품질에 영향을 주는 가장 중요한 요인들을 찾는 분석단계, 가장 효율적인 개선 방안을 확립하는 개선단계, 조치를 통해 개선 결과를 유지하는 통제단계로 진행된다. 측량단계에 계량화하는 CTQ는 고객의 요구사항이나 프로세스의 요구조건을 만족시키기 위한 제품이나 서비스의 결정적인 품질요소를 말한다.

CTQ가 가져야 특징은 4가지로 첫째, 가시적이고 고객에게 중요한 것으로 고객 만족과 연관되어야 한다.

둘째, 측정 가능한 것으로 CTQ의 데이터 수집이 용이해야 한다.

셋째, 허용범위가 정의되어 불량을 파악할 수 있어야 한다. 허용범위의 결정은 제조업의 경우 고객이 결정하며 비제조업은 벤치마킹 또는 설문조사를 통해 결정된다.

넷째, 사소한 다수Trivial Many의 품질특성보다는 중요한 소수Vital Few의 품질특성을 반영해야 한다. 고객은 자신들이 원하는 것보다는 원하지 않는 것에 대해 더 많은 의견을 제시하므로 고객의 요구사항을 파악하기 위한 체계적이고 세심한 접근이 필요하다.

데이터화 계획

헨리 로렌스 간트는 과학적 경영의 창시자인 테일러와 오랜 동료로서 1893~1901년 사이에 함께 미드베일제철소의 컨설턴트로 일할 때 생산계획 배치도를 발명하였다. 이것을 간트 차트라고 한다.

간트 차트는 작업계획과 통제과정을 간명하고 명확하며 디테일하게 만들어 작업과정 관리효율을 극대화한 차트다.

오늘날까지도 서구 기업들은 여전히 간트 차트를 이용해 생산 배치과정과 프로젝트 작업과정을 통제하고 있다.

1929년 미국관리협회ASME와 간트 최우수상을 제정하기로 결정하고 공업관리 방면에서 사회에 우수한 업적을 낸 사람에게 수여하고 있는데 그 첫 번째 상은 이미 고인이 된 간트 수여됐다.

간트 차트는 프로젝트계획 진도 통제를 위한 도표로 프로젝트 통제에 대해 6가지 요구를 제시하고 있다.

첫 번째, 배치는 반드시 프로젝트 계획에 의거해야 한다.

두 번째, 프로젝트 배치는 반드시 고도의 집중과 통일이 필요하다.

세 번째, 프로젝트 배치는 예방작업을 위주로 한다.

네 번째, 프로젝트 배치는 업무의 실제에서 출발해야 한다.

다섯 번째, 건전한 프로젝트 배치 업무여야 한다.

여섯 번째, 건전한 프로젝트 계산이어야 한다.

간트 차트는 두 축의 좌표를 이용해 2가지 진도로 프로젝트를 통제하는데, 하나는 임무계획 진도상황이고 다른 하나는 임무완성 현황이다. 한 좌표계 안에서 계획 진도상황은 배경차트를 이루며 완성 현황은 실시간 표준차트를 이룬다.

가로 좌표는 시간축을 나타내며 단위는 년, 월, 일, 시, 분, 초가 될 수 있다. 세로 좌표는 목표 달성을 위해 요구되는 진행 임무별 항목을 나타낸다. 좌표계 안에는 각 항목 사이클

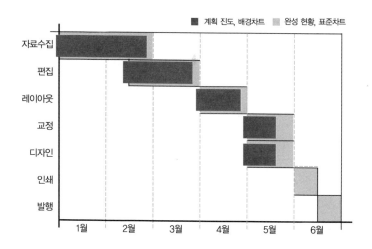

〈도서발행 간트 차트〉

내 임무 혹은 임무 진행의 실현과정을 반영한다. 간트 차트는 2가지 역할이 있다. 하나는 어떤 임무를 언제 시작할까와 언제 끝내는가를 알 수 있게 한다. 또 하나는 전체 임무가 실제로 어떻게 진행되는가, 또한 예상 진도를 참조해서 다음과 같은 결정을 내리는 것이다. 즉 목적 달성 시간을 앞당기거나 늦춘다든지, 자원을 배치해서 어떤 임무의 역량을 강화함으로써 임무과정협조가 잘 이루어지도록 보증하는 것이다.

PERT 네트워크 분석

한 프로젝트 안에서 임무 수가 적은 편이고 각 임무가 서로 독립적이라면 간트 차트나 부하도표가 효과적이다. 그러나 대형 프로젝트라면 어떤 도구를 써야 할까?

PERT 네트워크 분석에서 그 답을 찾을 수 있다. PERT의 정식명칭은 계획평가검토기법Program Evaluation & Review Technique으로 1950년대 미국이 폴라리스 잠수정을 개발할 때 군측에서 프로젝트 관리계획평가검토기법으로 처음 개발해냈다. 당시 미해군에서는 3,000여 도급자와 연구개발

기관과의 공동작업이 필요했다. 계획에 필요한 10,000개가 넘는 임무를 순서 있게 정리하여 안배해야 했으니 관리가 얼마나 복잡할지는 상상이 갈 것이다. 이에 미해군은 PERT 네트워크 기법을 응용해서 프로젝트를 순차적으로 순조롭게 진행할 수 있었다. 뿐만 아니라 예상시간을 2년이나 앞당겨 프로젝트 개발임무를 완성할 수 있었다.

PERT 네트워크 기법은 프로세스 차트의 화살표 그림과 유사하다. 각 임무활동의 전후 차례를 그림으로 나타낸다. 또한 각 임무활동의 소요시간 혹은 소요자금을 나타낸다. PERT 네트워크를 만드는 절차는 이렇다. 가장 먼저 프로젝트에 포함되는 임무를 확정하고 매 임무에 소요되는 시간과 자금을 확정한다. 그 다음 집행 과정 가운데 각 임무의 연결 순서를 확정하고 각종 집행 방안을 마련한다. 마지막으로 소요시간, 자금, 병목구간 등을 포함한 각 방안의 우열을 평가하게 된다.

PERT 네트워크 기법은 사건, 활동, 최장경로시간의 개념을 포함한다. 먼저 사건Event은 임무활동이 끝나는 순간을 말한다. 활동Activities은 하나의 사건에서 다른 한 사건까지의 과정, 즉 임무과정을 말한다. 최장경로시간Critical path은 PERT 네트워크 기법 중에서 시간이 가장 많이 걸리는 사건이나 그 활동이 생기는 순서를 가리킨다.

PERT 네트워크를 만들려면 제일 먼저 프로젝트를 수행하기 위해 필수적으로 진행되는 활동을 분석하고 확정한 후 이러한 작업이 끝나면 한 개의 사건으로 명명하며 A, B, C, D … X, Y, Z 등의 이름을 써서 각 사건을 표시한다. 그 다음 각 활동의 전후 순서를 확정하게 된다.

PERT 네트워크 그림을 만들어 시작점부터 끝점까지 원을 써서 마디점nodal point을 표시하고, 사건을 나타내며, 화살표로 과정을 나타내며 활동을 표시하면 하나의 흐름도가 그려지게 되는데 이것이 PERT 네트워크 그림이 된다.

각 활동완성 시간을 예측했으면 3개의 예측으로 활동 완성이 가장 가능한 시간을 확정한다. 이때 첫 번째 예측을 낙관적 시간이라 하며 To로 나타낸다. 두 번째 예측은 가장 가능한 시간으로 Tm으로 표시한다. 세 번째 예측은 가장 떨어지는 조건 아래서 활동을 완성할 수 있는 시간으로 Tp라고 표시한다. 기대활동완성시간 Te계산식은 다음과 같다.

$$Te = \frac{To + 4Tm + Tp}{6}$$

최장경로시간을 확정해보자. 임무 집행 흐름도를 따라 즉 PERT 네트워크 그림을 따라 시작부터 끝까지 연속되는 선을 찾고 이 선을 잇는 시간을 더한 최대값을 구하면 이것이 최장경로시간이 된다. 최장경로시간에는 시간을 늦추는 일이 없어야 한다. 최장경로시간에 어떤 활동이 지체된다면 전체 계획실현 주기가 뒤로 밀리기 때문이다. 실제 PERT 네트워크 기법을 응용한 기업의 사례를 살펴보자.

한 운송회사의 경영진은 시장의 난립으로 이윤이 떨어지자 2가지 대책을 내놓았다. 하나는 운송기사들의 유동률을 떨어뜨리는 것이고 다른 하나는 운송차량 수를 줄이고 더 많은 개인 화물주를 고용해 흩어져 있는 업무를 담당하게 하는 것이었다. 이 업무를 책임지게 된 샤 주임은 PERT 기법을 이용해 집행 과정 계획을 만들었다. 샤 주임은 이 작업을 아래의 임무로 나누었다.

하나, 회사 소속 기사의 유동률을 낮추기 위한 조치

A. 기사를 위해 식사, 샤워시설, 주차장 등 종착역 설비표준을 제정한다.

B. 오일 구매 계획을 세운다.

C. 종착역 설비표준을 실시한다.

D. 오일 구매 계획을 실시한다.

둘. 더 많은 개별 업주 채용을 위한 조치

E. 포상제도를 마련하고 새로운 개별업주를 추천하도록 직원들을 격려한다.

F. 채용광고를 낸다.

G. 프로그램을 개선해서 담당자가 새로운 개별업주와 계약을 체결하도록 훈련시킨다.

그 후 A부터 G까지 순서대로 실행에 옮기기 위한 시간을 예측해본다.

〈각 활동 소요시간 예측표〉

(단위: 주)

임무	낙관적 시간	가장 가능한 시간	비관적 시간	기대 시간
A	2.5	6.5	7.5	6.8
B	13	22.4	27.7	21.7
C	1.5	5	6	5.3
D	5	6.5	12	8.3
E	3	6	7	6.3
F	0.5	2.5	3.5	2.8
G	5	7	8	7.3

앞의 내용을 바탕으로 PERT 네트워크 그림을 그려보자.

〈PERT 네트워크 그림〉

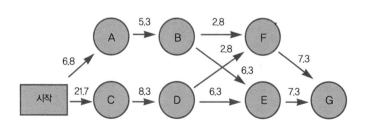

이렇듯 최장경로시간의 각 활동시간을 분석해 시간을 압축할 수 있는 활동 유형을 찾으면 총 작업시간을 줄이고 작업 효율을 높일 수 있다.

손익분기점

경영자나 투자자는 하나의 프로젝트연도 내에 혹은 투자 전에 고정비용 지출을 회수할 수 있는지 알고 싶어한다. 제품이나 서비스를 판매한 뒤 제품이 이익을 남길수 있는지 또 그 제품을 도태시켜야 할지 여부와 가격조정을 할지 여부를 알고 싶어 한다. 그 대답은 손익분기점 공식이 해줄 수 있다. 손익분기점 공식은 다음과 같다.

$$BE = \frac{TFC}{P-VC}$$

이 공식에서 BE는 제품 혹은 서비스의 손익분기점을 말한다. TFC는 일정 시간 내 혹은 회계연도 안에 제품 혹은 서비스 경영에 들어간 고정자본을 나타낸다. 일반적으로 고정자산 감가상각, 관리비용 예산, 홍보비 예산은 제품 혹은 서비스 항목을 포함한다. P는 제품 혹은 서비스 판매가격을, VC는 가변자본을 나타낸다. 모든 제품 혹은 서비스에는 재료비, 급여비, 에너지비 등 각종 비용이 포함되어 있다.

손익분기점 공식이 의미하는 것은 제품 혹은 서비스 가격이 가변자본보다 클 때 판매량 수준이 존재한다는 것이다. 일정 기간의 총수입과 총비용이 일치하는 점을 손익분기점이라고 하는데 이때 판매수입은 자본지출과 똑같다.

손익분기점 공식을 이용해 가상 손익분기점을 구해보자.

생수 공장의 매년 고정자본이 88만 위안, 생수 1병당 가변자본은 0.76위안, 생수 1병당 도매가는 0.98위안이라 가정했을 때, 이 공장의 순익분기점은 얼마일까?

손익분기 공식을 응용하면 다음과 같은 식이 수립된다.

$$BE = \frac{TFC}{P-VC} = \frac{880000}{0.98-0.76} = 4,000,000(병)$$

이 공장의 경우 400만 병을 팔아야 손익분기점이 된다.

아래 표는 앞의 내용을 직관적으로 보여준다.

손익분기점은 어디이며 이때 판매량은 얼마이고 판매수입은 얼마인지, 판매량이 증가 혹은 감소하면 손실과 이익은 어떻게 달라지는지를 확인하고 손익분기점을 바탕으로 시장판매량 예측을 결합해 제품 생산을 확대할지 혹은 시장에서 물러날지를 판단한다. 기대 시장점유율이 손익분기점보다 작다면 이 제품은 당연히 시장 퇴출을 고려해야 한다.

〈손익분기점 분석〉

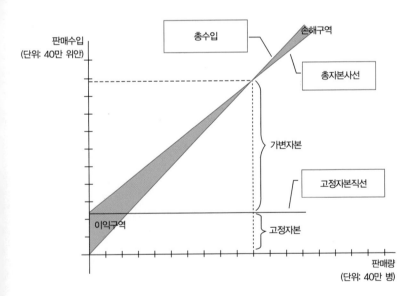

리니어 프로그래밍

리니어 프로그래밍은 유한한 자원을 분배해서 최대의 이익을 얻는 문제를 해결하기 위한 것이다. 가령 자동차를 생산하는 공장이 두 종류의 차, 즉 트럭과 승용차를 생산한다. 그런데 무한정 생산할 능력이 안 되고 또한 두 차는 각각 작업시간이 다르고 이윤도 다르다. 그렇다면 각각의 생산을 어떻게 배치해야 이윤을 최대화할 수 있을까?

리니어 프로그래밍을 통해 이러한 문제를 해결할 수 있다. 리니어 프로그래밍은 광고자원의 배분 문제, 인재자원의 배분 문제, 유한한 생산자원의 배분 문제들을 해결할 수 있다.

제시한 실례들이 리니어 프로그래밍에 어떻게 응용되는지 아래의 표를 보라.

부문	생산에 필요한 작업시간		매월 총 작업시간
	승용차	트럭	
제조	40	20	120000
조립	20	20	96000
이윤(만 위안)	30	18	

B: 승용차 생산량, T: 트럭 생산량을 나타낸다고 하면

Max $=30 \cdot B + 18 \cdot T$

$40 \cdot B + 20 \cdot T \leq 120000$

$20 \cdot B + 20 \cdot T \leq 96000$

$B \geq 0$

$T \geq 0$

승용차 생산량이 1,200대이고 트럭 생산량이 3,600대일 때, 이윤은 100,800만 위안으로 최대가 된다. 아래 그래프

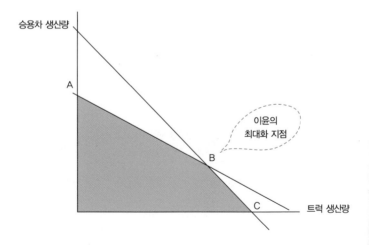

를 보자. 색칠한 구역은 두 종류의 차를 제조하고 조립하는 데 있어서 현실적으로 실행이 가능한 영역이고 B점은 그 중에서도 이윤이 최대화하는 지점이다.

한계분석

한계분석은 경제학에서 자주 사용하는 방법이다. 경제학에서는 주문 증가가 반드시 이윤을 가져오는 것은 아니다. 주문 증가는 자본의 비선형적 증대를 가져올 수 있다고 보며 경우에 따라서는 이윤을 가져오지 못할뿐 아니라 손실을 끼치는 경우도 있다. 이를테면 수익곡선이 0까지 체감된 이후의 추가 주문은 손실을 낳기도 한다.

기회자본요소를 고려한다면 손실을 가져오기 전에 주문 접수를 중단해야 한다. 경우에 따라 투입한 자본수익은 기타 항목의 투자보다, 심지어 은행이자보다 낮을 수 있기 때문에 한계수익이 0이 되기 전에 주문 증가를 중단해야 한다.

구매와 재고 통제 모형

가장 우수한 주문량을 정하는 방법을 EOQ(Economic Order Quantity: 경제적 주문량 모형)라 부른다.

경제적 주문량 모형에서는 4가지 영향요소를 고려한다. 첫 번째는 구매비용이다. 구매가격, 운송비용 등이 이에 포함된다. 두 번째는 주문비용이다. 문서작업, 부가작업, 화물검사와 기타 처리비용이 이에 포함된다. 세 번째는 보관비용으로 재고, 비축, 보험비 등이 포함된다. 마지막으로 부족비용이 있는데 주문 부족으로 인한 이윤 손실, 신용비용 및 기타 화물 지체로 인해 소비되는 비용이다.

주문에서 4가지 비용은 비교적 강력한 수리관계에 있다. 주문량이 최대이고 평균 재고량이 증가하며 보관비용도 덩달아 높아지고 주문비용이 적게 들고 제품부족으로 인한 손실도 비교적 적다.

이러한 제약과 제한이 있는 환경에서 가장 최선의 방법은 경제적 주문량이라는 것을 다음 공식을 보면 이해할 수 있다.

$$EOQ = [2 \cdot D \cdot OC/(V \cdot CC)]^{\frac{1}{2}}$$

D는 일정 시기 안에 물품의 기대 수요량을 나타낸다. OC는 주문 1회에 드는 비용, V는 물품의 가치 혹은 구매가를 나타낸다. CC는 백분비로 총 재고물품 가치에서 차지하는 보관비용율을 나타낸다.

예를 들어보자. 러가오전기공사는 고품질 오디오와 비디오 설비를 경영하는 소매상인데, 리성 하이파이 컴포넌트 시스템을 구매하는 준비과정에서 경제적 주문량을 정하고 싶어한다. 이 회사는 매년 판매량 4,000건, 건당 시스템 구매가를 500위안으로 예상한다. 재무담당자는 1회 주문비용을 75위안으로 잡았다.

매년 보험료, 세금과 기타 보관비용은 컴포넌트 시스템 가치의 20%를 차지한다. EOQ공식과 위에 제시한 데이터를 이용하면 아래와 같은 수치를 얻을 수 있다.

$$EOQ = [2 \cdot 4000 \cdot 75/(500 \cdot 0.2)]^{\frac{1}{2}} \approx 78(건)$$

EOQ모형은 러가오전기공사 관리자에게 가장 경제적인 주문량은 약 78건이라는 점을 알려준다. 바꿔 말하면 1년에 필요한 주문횟수는 약 52회 4000/78가 되는 것이다.

구매비용 : 500×4000	=2,000,000
보관비용 : 78/2×500×0.20 (평균 재고량×건당 단가×보관비용율)	= 3,900
주문자본 : 52×75 주문횟수×1회 주문비용	= 3,900
총자본	=2,007,800

러가오전기공사가 매회 주문 최소량을 120건으로 할 경우, 리성공사가 5%의 구매할인을 해준다면 어떤 변화가 생길까? 러가오전기공사의 관리자는 주문량을 78건으로 해야 할까 120건으로 해야 할까? 할인이 없다는 조건이라면 매회 주문량을 78건으로 할 경우 러가오공사의 이 컴포넌트 시스템의 연자본예산은 오른쪽 표에 나타나 있다.

이 표의 결과가 말해주듯이, 러가오공사의 관리자는 당연히 5% 할인 방안을 선택해야 할 것이고, 매년 1만 위안

구매비용 : 475×4000	=1,900,000
보관비용 : 120/2×475×0.20	=5,700
주문자본 : 4000/120×75 (주문횟수×1회 주문비용)	=2,500
총자본	=1,908,200

을 절약할 수 있기 때문에 부득이한 재고 증가를 감수해야
한다.

데이터화 기록

데이터화 기록은 기업의 성장일지와도 같다. 기업운영을
볼 수 있는 블랙박스인 것이다. 기업은 그 안에서 진행의 발
자취를 찾아낼 수 있다. 더 나아가 자기관리에 대한 문제점
을 발견하고 총체적 분석을 통해 자신의 목표와 계획을 수
정하여 지속가능한 발전을 이루어낼 수 있다. 데이터화 기
록을 위해서는 원시 데이터 원칙, 귀납분석의 원칙, 연계분
석의 원칙이 필요하다.

먼저 원시 데이터 원칙에 대해 알아보자. 기업경영에 관한 모든 데이터는 진실되고 완전하게 보존함으로써 경영자가 데이터를 분석하는 과정에서 경영상의 문제를 발견하고 개선 조치를 취하게 해야 한다. 문제를 해결하기 위해서는 개념 확립과 정보 수집, 논리적 분석, 전문도구 사용의 4가지 기본이 필요하다. 대다수 경영자들은 논리적 분석능력, 전문도구 사용능력은 결코 부족하지 않다. 심지어 상당히 우수한 이들도 있다. 그럼에도 불구하고 왜 그 많은 경영자들이 실패하는 것일까?

중요한 문제는 관념이 기업의 실제로부터 벗어나 있거나 업계 정보, 기업 정보, 수요 정보를 전면적으로 장악하지 않았기 때문이다. 많은 경영전문가들이 실제적인 문제 해결책을 내지 못하고 처방전을 쓰지 못하는 것은 전문지식이 부족해서가 아니라 항상 기업에 대한 전면적 이해가 부족하기 때문이다.

비유를 들자면, 논리적 분석과 지식을 관리하는 전문도구는 가공설비에 해당한다. 이를테면 제빵기라 할 수 있고 관념은 밀가루 식별기, 정보는 각종 양식이라 할 수 있다.

제빵기도 낡은 것, 우수한 것, 전자동 등이 있고 이 셋은 효율과 가공품질의 차이만 있을 뿐이다. 모두 제빵기에 밀가루만 있으면 빵을 만들 수 있다. 하지만 양식이 없거나 혹은 양식이 있다 하더라도 쌀이나 옥수수만 있고 밀가루가 없다면 아무리 좋은 제빵기가 있어도 빵을 만들지 못한다. 경영자가 제빵기를 요구했으면 제빵기에 넉넉한 밀가루를 제공해야 한다. 이런 각도에서 볼 때 정확한 데이터의 집계와 기록은 경영자에게 정말로 중요하다.

중국의 민영기업가들은 A급 인재를 열렬히 채용하지만 사회의 보이지 않는 규칙 때문에 대다수 민영기업들은 기록을 남기는 것을 좋아하지 않는다. CEO들조차 기업을 이해할 수 있는 실제 재무 데이터, 판매 데이터, 생산 데이터를 원하지 않는다. 결국 CEO들은 안개 속에서 꽃을 보는 식으로 대충의 방법을 제시할 뿐 문제를 성실하게 분석해서 해결책을 내놓지 않는다. 이 점에서 기업의 원시 데이터는 병상일지와 마찬가지로 치료에 대단히 중요하다.

두 번째로 귀납분석의 원칙에 대해 알아보자. 무질서한 데이터는 쓰레기나 다름없다. 질서 있게 정리된 데이터라야 문제를 설명하고 드러낼 수 있다. 데이터 귀납분석 원칙을 지키기 위한 방법으로는 흔히 대조기 숫자 합병, 같은 유형의 숫자 합병, 시간축 곡선, 2차원 좌표 비교의 4가지를 꼽을 수 있다.

대조기 합병이란 일정 시간주기 안에서 실적을 검사하고 각 기간 내의 업무성과를 점차 늘리는 것을 말한다. 예를 들면 '2005년 춘계 장시지구 A제품의 판매액은 얼마'와 같은 식이다.

같은 유형 항목 합병은 대조 대상의 표준을 설정하고 이 표준으로 대상을 세분하고 각 대상의 합계량을 통계내는 것으로 예를 들면 제품당 판매량, 지역당 판매량, 직원당 실적 등이다. 시간축 곡선은 시간운동을 가로좌표로 삼고 통계 대상을 세로좌표로 삼아서 통계 대상의 운동법칙을 그려 추세를 예측할 수 있게 한다.

2차원 좌표 비교는 분류대상을 가로좌표로 분류대상통계 숫자를 세로좌표로 삼아서 동종항목 간 비교도를 만든다. 예를 들면 각종 제품 판매량 대비도 등이 있다.

마지막으로 연계분석의 원칙이다. 데이터를 고립시켜 놓

고 보면 장님 코끼리 만지기식의 결론이나 괜한 기우를 부르는 판단을 내리게 된다.

데이터를 전방위에서 관찰하면 사물에 대해 전체적 인식을 얻을 수 있다 해도 겉만 보고 안을 알지 못하는 곤경에 빠질 가능성이 있다. 따라서 데이터에 대해서 전방위적인 해부와 분석이 있어야만 한다. 그래야 그 의미와 이유를 알 수 있고 사물의 발전에 힘을 보탤 수 있다. 연계분석의 원칙은 연계분석표, 연계항목의 부합관계 분석, 문제 분석으로 이루어진다. 아래의 표는 보스더연구기구에서 제공한 연계

〈연계분석표〉

	시장	경쟁	목표	계획	집행
시장			▲		§
경쟁			§		§
목표				▲	
계획					▲
집행			&	&	

세로축 항목은 영향을 주는 요인을 나타내고 가로축 항목은 영향을 받는 요인을 나타낸다.
▲는 직접적 영향을, §는 간접적 영향을, &는 피드백된 영향을 나타낸다.

분석표이다.

연계분석표는 기업이 어떤 항목들 사이에 관계가 있고 어떤 항목들 사이에 관계가 없는지를 찾아내며 관련성이 떨어지면 세세히 따질 필요없이 관계유형이 무엇인지 찾도록 도와준다.

정보화:
디테일은 하이테크와 떨어질 수 없다

1990년 중반, 롄샹 그룹은 컴퓨터를 생산하면서 대담한 계획, 대규모 구매, 대대적 마케팅이라는 기업 발전모델을 채용했다. 하지만 연 재고회전율은 1.7차에 그치고 비재료 자본비용은 20%가 넘었으며 누적손실은 5%나 되었다. 뿐만 아니라 1998년 연말 재무결산 때에는 부자재비용 2,700만 위안이 적게 계상된 것을 발견했다.

이 비용은 온라인 제품에 계상한 것이 문제였다. 당기 각각의 완제품에 계상하지 않아서 줄곧 누적된 부자재 재고를 연말에 가서야 발견한 것이다.

이에 관리효율을 높이려는 목적으로 렌샹은 정보화 관리를 강화하기로 하고 정보화 시설 마련을 위해 큰돈을 투자했다. ERP 시스템 구축을 위해 1.5억 위안, SCM에도 1억 위안을 들였다. 동시에 차별화된 서비스를 기초로 모든 방면에서 디테일 경영을 실현하는 정책을 통해서 관리효율을 높였다. 재고순환, 채권과 채무순환 등 경영 데이터는 눈에 띄게 단축되었다.

렌샹 그룹이 IBM과 합작하기 전에는 전 세계에 퍼져 있는 44개 독립채산 사업단위가 있었다. 이들은 매월 2만 건의 주문을 받고 영업액은 20여 억 위안에 이르렀으며 4,000건의 주문과 4,000여 건의 비용을 처리했다.

70여 명이 강행군을 해서 계산을 해도 30일이 되어야, 그나마 정확하지도 않은 재무제표를 내놓을 수 있었다. 그러나 지금은 179개의 이윤 중심, 32개의 직능부문, 1,400여 개의 자금 중심으로 된 통합연결재무제표를 월말 결산 후 5일 만에 보고할 수 있다.

렌샹 그룹의 2000년 재고순환은 20일에 불과했지만 1995년만 해도 72일이었다. 2000년 재고자금의 평균잔고

9.63억 위안을 기준으로 계산하면 자금비용 1.26억 위안을 낮춘 것과 같다. 2000년 수입이 200억 위안인 것에 비추어 계산하면 제품누적손실은 1995년의 2%에서 0.19%로 낮아져 3.62억 위안의 비용을 절감한 셈이다. 미수금 순환일수도 1995년 28일에서 2000년 14일로 줄어들었다. 이는 4,700만 위안을 낮춘 것과 같다. 미수금 악성부채가 총수입에서 차지하는 비율도 1995년 0.3%에서 2000년 0.05%로 줄었다. 이는 5,000만 위안을 낮춘 것과 같다.

위의 사례는 통해 정보화가 기업경영에서 얼마나 중요한 역할을 하는지를 볼 수 있다. 즉 디테일 경영은 정보화와 결코 분리될 수 없는 것이다.

정보화는 컴퓨터기술과 첨단 통신기술에서 비롯되었지만 그것이 기업경영에 응용되면 의사결정과 배분의 고효율화, 커뮤니케이션과 통제의 실시간화, 저장과 검색의 체계화 등 문제가 해결된다.

의사결정과 배분의 고효율화

의사결정자는 종종 '할까, 말까'를 망설이다가 기회를 놓치곤 한다. 왜 그럴까?

대다수 의사결정자가 정보 파악이 불완전하고 귀납분석이 느리기 때문이다. 그래서 사물의 본질을 꿰뚫지 못한 채 우물쭈물하곤 한다.

정확한 의사결정은 의사결정자의 의식, 정보 분석력, 정보량, 전문분석도구 등 4개 방면에서 결정된다. 의사결정자는 의식면에서 보면 일반적으로 보통 사람에 비해 앞서 있고 객관적이다. 논리적 분석력으로 보면 사유능력도 강하다.

의사결정자가 없을 때에는 많은 문제가 발생한다. 우선 얻을 것을 걱정하고, 얻은 후에는 잃을 것을 걱정한다. 그리고 어떤 사항을 급하게 결정하고 맹목적으로 돌진한다. 그 이유는 다음과 같다. 첫째, 정보 장악이 철저하지 못해 장님 코끼리 더듬는 듯한 심리 때문이다. 둘째, 정보를 보기는 하지만 빠른 속도로 가공해서 유용한 의사결정 근거로 만들지 못하기 때문이다. 구름 낀 하늘 보듯 바다와 같은 정보량과 마주칠 때 의사결정자는 햄릿처럼 '할 것인가, 말 것인가.

이것이 문제로다.' 하면서 고뇌하는 것이다.

그렇다면 어떻게 정보를 가공해서 유용한 의사결정의 근거로 만들 것인가?

철학적 각도에서 보면 사물의 운동법칙은 수학모델을 이용해 표시할 수 있다. '문제는 이것을 다 인지하고 있는가'라는 한계가 있어 어떤 영역에서는 수학모델을 이용해 객관적이고 정확한 수학모델을 세우지 못하는 경우도 있다. 그러나 수학모델을 가진 경제법칙이 있다 해도 대량의 정보를 처리할 때 인위적으로 계산할 양이 많아서 때로 제시간에 결과를 얻지 못해 기회를 놓치는 경우도 있다.

일기예보가 그 예이다. 수학모델은 일찍부터 있었지만 컴퓨터를 응용하기 전까지는 이 모델을 사용하는 일은 아주 드물었다. 왜 그럴까?

수학자들이 계산해서 결과를 내놓아도 시간이 사나흘 흘러버려서 이튿날 일기예보에는 아무 소용이 없기 때문이었다. 그러나 컴퓨터 응용이 이 문제를 해결했다. TV 일기예보 때 화면에 보이는 구름층 지도는 바로 컴퓨터가 계산을 시뮬레이션한 결과다.

컴퓨터는 복잡하고 무질서한 정보 가운데서 의사결정의 근거가 되는 데이터를 빠르게 만들어내기 때문에 의사결정 효율이 높아지고 의사결정자가 주위에 널린 기회들을 잡게 해준다. 더욱이 의사결정자는 수학모델의 원리를 배우거나 알아야 할 필요없이 기존의 소프트웨어가 모든 계산을 수행하기 때문에 데이터를 입력하기만 하면 컴퓨터가 결과를 보여준다.

정보화로 의사결정을 진행한다

EIS(Executive Information System : 경영정보시스템)가 의사결정 효율을 바꾼다. 고위임원은 원래 시간의 80%를 정보수집에 쓰고 20%는 의사결정에 쓴다. EIS를 쓴 뒤 이 비율이 역전되어 시간의 20%를 정보수집에 쓰고 80%를 의사결정에 쓴다. 의사결정의 정확성도 월등하게 높아졌다. EIS를 사용하기 전 브룩스의 고위경영자는 개인컴퓨터에서 쏟아지는 보고서에 완전히 의존했다.

하지만 보고의 출처가 다층적이다 보니 데이터들끼리 불

일치했다. 이 문제를 해소하기 위해 회장은 단일하며 집중된, 그러면서 광범한 데이터베이스가 있길 바랐다. 그리고 이 데이터베이스에서 경영진이 원하는 데이터를 얻을 수 있기를 원했다. 이 경우 EIS가 해결책이다.

예를 들어 영업을 책임진 간부는 재고 데이터를 찾아볼 수 있고 상품을 책임진 간부는 제품 데이터를 찾아볼 수도 있다. 회장은 EIS를 사용해 매주 '판매 최고 상품 보고' '판매 최저 상품 보고'와 '컬러 분석 보고'를 완성할 수 있다. 또한 보고서를 자기가 원하는 형식으로 뽑아 재주문과 할인 판매 상품 등을 빠르게 구분지을 수 있게 될 것이다.

새로운 EIS는 관리자들에게 매우 유효한 도구라는 사실이 입증되었다. 회장의 추측에 따르면 이 시스템을 도입하기 전, 브룩스의 고위관리자들은 시간의 80%를 정보를 수집하는 데, 그리고 나머지 20%를 정책결정에 썼다. 그러나 지금은 정반대다. 과거에는 월요일 아침이면 사방을 돌며 정보를 수집하는 게 일과였지만 지금은 편하게 앉아서 데이터를 분석하고 의사결정하는 데 거의 모든 시간을 쓴다.

정보화로 분배 조정을 진행한다

월마트의 신속한 발전은 전 세계를 망라하는 재고통계 시스템과 판매 시스템을 응용한 덕분이다. 월마트는 언제든 전 세계 어느 매장의 어떤 상품이든 판매현황을 파악할 수 있다. 바로바로 특정 지점에 물품을 배분함으로써 물품배송 효율을 높였다. 월마트는 1980년대 초기 케이마트와 함께 할인비즈니스 시장에 뛰어들었다.

케이마트는 거대한 구매능력과 낮은 도매가격으로 협상할 수 있었다. 그러나 월마트는 투자정보 기술에 의존해 세계 최대의 소매상으로 성장했다. 월마트의 컴퓨터화된 판매 시스템은 여전히 소매업계의 표준이 되고 있다.

1987~1991년에 월마트는 재고관리 설비와 기타 컴퓨터 기술에 6억 달러를 투자했다. 덕분에 위성통신 시스템으로 재고변화와 회계 처리 및 지불문제를 추적하고 공급상들에게 전자주문서를 보낼 수 있게 되었다. 1,500개 소매상들은 월마트의 컴퓨터에 접속해 상품 판매현황을 검사할 수 있을뿐 아니라 상품이 품절되기 전에 재공급도 할 수 있게 되었다.

그외 3,800개 점포는 직접 월마트로부터 그날그날의 각종 판매 테이터를 얻을 수 있다. 이 시스템은 월마트가 업계에서 줄곧 적은 자본으로 운영하게 해주는 중요한 요소이다.

일본의 한 회사는 GPS 장치와 컴퓨터처리 시스템을 이용해 물류를 관리한다. 그 가운데 부분적인 흐름을 보면 다음과 같다. 생산부품을 운송하는 화물차가 공장에 와서 위치를 지정받을 때 배차통제센터에 자신이 운송할 부품의 종류와 수량을 발송한다. 배차통제센터에서는 계획과 생산수요에 맞추어 부품을 운송할 화물차의 노선도를 뽑아내 화물차 운전기사에게 발송한다. 운전기사는 노선도의 지시에 따라 부품을 각 생산창고로 운송해간다. 이로써 재고 제로를 실현하고 자금회전율을 높일 수 있다.

아메리칸항공은 1960년에 사브르라고 부르는 예약시스템을 개발했다. 당시 기술수준의 영향으로 아메리칸항공은 여행사들 사이에서 초반 입지를 굳혔다. 현재는 14,000개 여행사가 사브르 시스템을 통해 아메리칸항공의 281개 노선에 걸쳐 약 4,500만 종의 티켓을 예약하는 기록을 유지하고 있다. 이 시스템 덕분에 아메리칸항공은 5억 달러에 육박하는 수입을 올리고 있고 여행사에 운항정보 제공권까지 쥐게 되었다.

앞으로도 한참 동안 이 시스템이 보여주는 아메리칸항공의 운항정보는 여타 경쟁사의 정보를 훨씬 뛰어넘을 것이다.

소통과 감시통제의 실시간화라고 해서 여기서 말하는 통제는 직원들의 행위를 감시한다는 의미가 아니다. 이것은 과정의 통제, 상태의 검사를 가리킨다. 통제의 실시간화란 곧 과정, 상태에 대한 실시간 장악으로 이상상태를 즉각 파악하여 실시간 처리함으로써 착오의 소지를 제거하기 위함이다. 즉각적인 소통으로 업무처리 효율을 높일 수 있다.

일본에 거주하는 소니 회장은 캐나다 소니 워치맨의 소형 TV 재고량에 특히 관심을 기울였다. 그것은 밴쿠버와 토론토 창고 물품이 앞으로 3개월간 소매상들의 수요를 만족시킬 수 있는지 하는 문제였다. 15년 전만 해도 이런 유형의 문제는 이틀이 걸리고 전화도 예닐곱 차례 걸어야 해결되곤 했다. 지금은 그럴 일이 없다. 소니의 컴퓨터가 네트워크로 연결되어 있어 서로 통신을 주고받기 때문이다. 회장이 키보드를 몇 번 두드리면 캐나다에 있는 창고 두 곳의 재고기록을 바로 볼 수 있다. 워치맨의 캐나다 판매현황 같은 문제는 지금은 2~3분 안에 결과를 볼 수 있다.

댈러스에 있는 액슨의 회장은 회사가 페르시아만 모처에서 멀리 떨어져 있는 유조선을 지휘하기 원했다. 15년 전 같으면 전화를 통해서만 가능했지만, 지금은 책상을 떠날 필요도 없이 네트워크 컴퓨터를 통해 일을 마칠 수 있다.

액슨의 회장은 댈러스에 앉아 직접 유조선 선장과 통신을 나누며 즉각적인 답을 받을 수 있다. 심지어 통신기록을 챙겨두었다가 만일의 문제에 대비하는 일도 가능하다.

저장과 검색의 체계화

기업에는 각종 문서들이 많다. 규정, 표준, 공정, 작업지도서, 계획, 통계보고, 실적평가표 등 문서들이 복잡하고 때로 서로 충돌을 일으키는 일도 있다. 이런 상황이라면 사용자가 잠깐씩 감각이 흐트러진다거나 헷갈리는 일이 발생할 수 있다. 그 이유는 다음과 같다.

첫째, 우리가 데이터와 그에 맞는 조항을 검색할 때 정확하게 일치해야 한다. 이 문서 저 문서에 흩어져 있는 데이터와 규정들을 펼쳐놓고 수동으로 찾다 보면 전면적으로 정확하게 찾아내기 곤란하다.

둘째, 가령 서로 충돌되는 데이터나 규정이 있을 때 어느 것에 의존해야 하는지 모르는 경우가 생길 수 있다.

전자의 상황은 초기 직원 연수 때 그리고 후자의 상황은 결산회의 때 흔히 발생한다. 두 가지 상황 모두 기업의 운영효율과 정책 결정의 정확성에 영향을 줄 수 있다. 이런 것들은 정보화와 컴퓨터기술을 이용하면 잘 해결될 문제다.

해결 순서는 다음과 같다. 먼저 분류표준을 세우고 규정, 표준, 공정, 업무지도서, 계획, 통계보고, 실적평가표 내부규정과 데이터를 부서수요와 업무수요에 따라 각기 다른 검색장치를 나누어 구성한다. 그 후 각각의 조항 혹은 데이터 블록 이면에 색인목록처럼 적용대상, 업무유형을 명시한다. 마지막으로 컴퓨터 데이터베이스와 검색항목을 만들고 검색 링크를 만든다.

디테일 경영을
이렇게 실행하라

부하직원들의 자질이 낮은 것은 당신의 책임이 아니다.
하지만 부하들의 자질을 충분히 끌어올리지 못한 것은 당신의 책임이다.

Wang Zhongqiu

디테일 경영을
실현하는 3가지 조건

시장기반이 최우선이다

낙타는 사막을 걸어갈 때 평온하기 그지없고 며칠씩 물을 마시지 않아도 끄떡없다. 왜일까? 낙타는 몸집이 크고 두 개의 육봉에 수분을 저장할 수 있기 때문이다. 하지만 토끼를 사막에 풀어놓으면 끔찍한 일이 생긴다. 제아무리 토끼가 빠르다 해도 단시간에 망망한 사막을 달음질쳐 빠져나오기란 불가능하다.

기업들 가운데 낙타와 같은 기업들이 있다. 가령 GE, 월마트, IBM, 코카콜라, P&G 등 이들 기업은 기업의 전략관리를 최우선시한다. 이 기업들이 인수합병을 통해 확장하고 다른 기업을 먹어치우는 것은 그것을 감당할 규모가 되기 때문이다. 전형적인 낙타기업이다.

낙타기업들의 수치는 이들의 시장점유 규모를 그대로 보여준다. 이들 기업은 매우 성공적인 관리모델과 관리방법을 가지고 있다. 그러나 이런 모델과 방법을 '토끼기업'에 그대로 쓰기는 어렵다. 각자의 시장기반이 다르기 때문이다. 그러므로 반드시 시장에 근거해 관리를 연구해야 한다. 어떤 기업도 시장에서 벗어날 수는 없다.

2001년 중국에 '학습 조직'이라는 개념이 들어와 전국을 빠른 속도로 휩쓸었다. 학습 도시, 학습 지역, 학습 사회니 하는 용어들이 연이어 등장했다. 중국방적기계 그룹은 상하이밍더 학습 조직 연구소의 자문과 도움을 받아 학습 조직을 구성했다. 하지만 이 프로젝트는 1년 뒤 중단되었고 회사 측은 그 이유를 밝히기 꺼려했다.

같은 해 미국의 제2위 소프트웨어 기업이자 세계 500대 기업 중 하나인 오라클은 피터 센게의 『제5경영*The Fifth*

Discipline』을 회사 전체가 학습하게 했다. 아울러 회사 도처에 '단체학습의 바퀴'라는 학습 조직을 만들어 이 도전의 성공을 위해 노력했다. 얼마 뒤 오라클 전체에 일종의 '심층회의' 열풍이 불었다. 이 여세를 몰아 오라클 아태지사는 세계각 지역 총책임자들을 한 호텔로 초대해 미래의 경영모델에 대해 의견을 나누는 자리를 마련하기도 했다.

오라클은 끊임없이 치열하게 문제를 파고드는 학습 조직활동을 전개했고 그 결과 지역과 직급이라는 틀을 깨부수는데 성공했다. 팀장들은 부하들의 진짜 속마음을 털어놓도록유도하면서 '팀장 정신 모델' 내지 '비전 공유하기' '자기계발' 등의 세부 목표들을 달성했다.

이처럼 똑같은 경영모델이 서로 다른 두 기업에서 응용되었는데 효과는 확연히 달랐다. 피터 센게가 주장한 '5가지 경영'인 시스템적 사고, 공유비전 만들기, 팀 학습, 개인적 숙련, 정신모델은 서구 기업 경영의 장점을 바탕으로 세워진 것이기 때문이다.

서구 기업과 중국 기업은 생존과 발전의 '토양'이 다르고인재의 자질과 경영 수준 역시 아주 다르다. 서구 기업은 대부분 경영시스템이 규범화되어 있고 제도가 엄격하다. 그리고 인재 자질도 높다.

그러나 중국은 경영 수준과 인재 자질 모두 높지 않고 경영시스템을 제대로 갖추지 못한 곳이 많다. 그러다보니 학습 조직의 진정한 함의를 이해하지 못했고 남의 옷을 입은 것처럼 어울리지도 않았다. 그런 경영모델로 성공할 수 없는 것은 당연했다. 토끼를 결코 낙타와 동등하게 다루어서는 안 된다.

'토끼기업'에 진정 필요한 것은 디테일이다. 바로 경영의 디테일과 시장의 디테일이다. 이 둘은 상호보완적인 관계에 있다. 하지만 시장을 무턱대고 맹신하는 것은 맹목적 관리 또는 관리 소홀을 낳기 쉽다.

필자는 고객 니즈에 충실한 LF라는 회사에서 마케팅 매니저 직책을 맡은 적이 있다. 보통 입사하고 나서 회사를 파악할 얼마의 시간이 필요하지만 이곳에선 입사하자마자 바로 문제점을 발견할 수 있었다. 바로 마케팅 관리가 엉망이었던 것이다.

우선 인력 이동이 심했다. 특히 판매 계통에서의 인력 파동은 중개상에게 미치는 영향이 컸다. 재고량도 많아 자금 회전에 곤란을 겪고 있었고 물품공급 속도가 느려서 문제해결 주기도 길었다. 게다가 내키는 대로 구두 승낙을 하는 버릇 때문에 약속 불이행이 되풀이되어 중개상들에게 신뢰를 잃고 있었다. 이 문제들이 발생시킨 원인은 무엇일까. 필자는 3가지를 찾아낼 수 있었다.

첫째, 가격의 혼란은 판매 관리의 혼란을 가져왔다. 같은 제품이지만 모델과 규격, 가격이 모두 달랐다. 컴퓨터마저 그것들을 구분 못하고 있었으니 대책이 없었다. 둘째, 판매 경로와 가격 정책이 일관되지 못했다. 그래서 운 좋게 싸게 샀더라도 예전에는 손해를 봤다는 식의 역반응 심리가 고객들에게 퍼졌다. 마지막으로 LF의 마케팅은 브랜드 가치를 높이는 집중력을 발휘하지 못하고 있었다. 나는 이 3가지 원인을 좀 더 파고들었다. 모든 문제의 근원은 시장에 맹목적인 영합에서 출발한 것임을 알아낼 수 있었다.

LF는 단지 니즈에 충실한 기업이 아니라 다소 맹목적으로 불필요한 니즈까지 절대 명제로 받아들이고 있었다.

개별 고객의 요구에 따라 상품이름을 바꾸거나 제품 구성을 제멋대로 바꾸는 일도 허다했다. 게다가 개별 고객 요구를 모두 받아들이다 보니 취급하는 제품이 40여 종류가 넘었고 시리즈 제품은 100여 가지나 되었다. 연간 판매액이 2억 위안이 채 못 되는 기업치고는 제품 종류가 너무 많고 번잡했다. 그리고 LF는 판매 경로도 맹목적으로 개발하고 유통 정책도 확실히 서 있지 않았다. 일단 팔기 위해 주먹구구식으로 설립한 매장이 몇 년 사이 무려 16개나 되었다. 일관된 브랜드 이미지 제고는커녕 매장 유지도 힘들었다.

LF는 시장의 반응속도에까지 맹목적이었다. 시장우위에 서기 위해 반응속도를 중시한 것이다. 하지만 표준화, 자동화 시설 없는 제조회사에서 생산성은 낮은데 제품 출하 속도를 높이려면 재고량을 늘리는 수밖에 없었다. 상표와 취급 제품 종류가 많고 복잡하다 보니 재고관리의 어려움은 말할 것도 없었다. 결국 LF사의 시장 맹신은 관리의 문제를 계속해서 낳았고 이윤을 창출하는 기업의 기반마저 망각해 버리게 되었다.

시장은 이윤이 나오는 수도꼭지라 할 수 있다. 그러면서 관리의 문제를 낳는 발원지이기도 하다. 기업이 시장을 제대로 읽지 못하고 세분하는 데 소홀하면 목표시장 설정에 실패하게 되고 고객을 사로잡지 못한다. 이윤을 얻지 못하는 것은 당연하다. 이 경우 제아무리 관리의 귀재라고 해도 기업을 살리지 못한다. 기업은 하나의 시스템이기 때문이다. LF의 마케팅 관리가 기업 전체의 경영에 문제가 되는 것처럼 마케팅이 마케팅 부서의 일만은 아니고 경영 관리 또한 관리 부서만의 일이 아니다.

결국 시장의 전문화와 디테일화 없이, 경영의 전문화와 디테일화는 이뤄지지 않는다.

21세기에 들어서면서 중국은 더 이상 기회가 넘치던 낙원이 아니다. 독점이 없는 업종에서도 투자자들에게 거대 이윤을 안겨주는 일은 거의 없다. 세계적으로 이윤은 갈수록 제로에 가까워지고 있다. 이 현상을 바꿀 법칙은 없다. 유일하게 가능한 것이 자신의 내부, 자사의 내부를 파악하는 것이다. 그래서 내부 관리에 더욱 집중해야 한다.

일부 앞서가는 경영자들은 이미 기업의 관리 방향을 바

꿈으로써 경영효율을 최대화하여 기업의 전체적인 영리 능력을 끌어올리기 시작했다.

간단하게 마케팅의 관점에서만 보면 다음의 5가지의 변화가 일어나고 있다.

첫째, 가격 전쟁과 판촉 전쟁이 한바탕 벌어진 후 중국 소비자들이 급속도로 가격에 민감해졌다. 가격은 떨어지고 마케팅비용은 지나치게 높아지자 기업들은 별수 없이 내적 파워를 강화하고 있다. 유통 경로를 간소화하고 직접 판매에 집중하기 시작했다. 이미 절대 다수의 기업이 마케팅을 단 하나의 수단으로 중요하게 여겨 모든 힘을 집중하고 나머지를 겸하면서 성과를 거두던 시대는 끝났다는 사실을 자각하고 있다.

마케팅으로 성공하기 위해서는 전략이 있어야 한다. 마케팅 믹스, 통합 마케팅을 기업 마케팅의 기점으로 하면서 시장 연구, 시장 세분, 제품 평가, 브랜드 설계 및 창조, 유통 경로 설계와 관리, 홍보, 프로모션, 소비자 판촉, 전담팀 구축, 조직관리, 실적 평가와 인센티브 제도 등을 통합적으로 추진하는 시스템과 전략 운용이 필요하다.

둘째, 앞에서 언급한 것처럼 마케팅의 통합적 전략이 절실한 시대가 되었다. 과거에는 생산자 측과 도매상 간의 단순협조 업무가 가장 중요한 업무였다. 신규고객을 늘리고 주문을 따내고 제품 출하를 독촉하고 대금결제를 촉구하는 업무에서 중심은 대형 도매상에 있었다. 지금은 다르다. 도매상과의 단순 협조가 아니라 마케팅 전반에 대한 전략과 통찰이 있어야 한다. 마케팅을 잘하는 기업들은 마케팅 업무의 중심을 더 하위인 제2도매상으로 옮겨놓았을 뿐 아니라 소매 창구에 대한 직접적인 서비스를 실행하고 있다.

대형 고객, 대형 도매상, 대형 유통에 의존하던 것에서 슈퍼, 소점포에 방문 서비스하는 쪽으로 방향을 틀기 시작한 것이다. 각각의 경로를 정밀 분석하고 유통 경로 개척에 힘을 쏟고 있다. 변화에 민감한 디스플레이 등 다양한 방법을 적용하는 기업들이 점점 많아지고 있다.

실제로 일부 기업은 지급地級(현의 행정 단위) 판매상을 취소하고 있다. 제조사가 물류배송센터를 만들거나 지급 판매상을 물류배송센터로 바꿔 현급縣級(지급 아래의 행정 단위) 시장에 직접 판매상을 만들고 있다. 유통단계를 줄임으로써 시장을 깊숙이, 자세히, 투철하게 장악하겠다는 의지다. 이처럼 중국 기업들의 디테일 경영은 점점 발전하고 있다.

셋째, 목표관리, 효과적인 동기부여로 마케팅 인력의 총합적인 수준을 높이고 있다. 마케팅 인력풀제가 확대되면서 우수한 인력을 채용하고 효율적인 인력 수급의 기회가 많아졌다. 기업들은 고객과 직접 접촉하고 판매를 관리하는 우수한 인력을 중요하게 여기기 시작했다.

기업의 관리자들은 오래전부터 마케터들의 실행력을 높이는 문제와 목표를 어떻게 달성할지 고심해왔다. 제도와 조직 문화 건설, 보고서 관리, 원거리 시장 순회 감독, 재무 감찰 등의 관리방법들이 바로 이런 시대적 필요에 따라 생겨난 것들이다.

게다가 일부 기업들은 직원 교육을 강화하여 직원들의 업무 소양을 높이도록 돕고 있다. 다국적 기업들 속에서 자란, 디테일 운용에 능한 인재들을 중국 기업들은 고액의 몸값도 불사하고 다투어 모셔가고 있다. 중국 기업 마케팅 인력들의 총체적 역량이 확실히 높아진 이유는 이런 모든 것들이 바탕이 되었기 때문이다.

시장 이윤의 총체적인 하락도 변화를 부추겼다. 이전처럼 직원을 격려하는 단순한 평가 방식을 버리고 더욱 과학적이고 적극적인 방식, 다시 말해 실적평가와 인센티브 같은 입체적 실적평가 모델로 바뀌었다. 마케팅이 주먹구구식에서 디테일 경영으로 크게 발전하고 있다는 의미다.

넷째, 정보를 중시하고 시장조사를 강화하고 있다. 정보 중시는 경영 디테일화의 중요한 측면이다. 시장세분화, 목표 시장 설정, 제품 및 가격 결정, 홍보 선택에 성공하려면 먼저 정확한 정보가 있어야 한다. 정확한 정보가 없다면 정확한 시장 공략은 꿈도 꿀 수 없다.

1990년대만 해도 시장조사 없이 무턱대고 신제품을 만들어내고 마케팅 전략을 세웠던 기업들이 부지기수였다. 이제는 다 옛날이야기다. 최근에는 시장조사를 위해 리서치회사를 찾는 기업들이 많아지고 있다. 아예 내부에 전문 리서치 기구와 전문 인력을 갖춘 기업도 생길 정도다.

이것은 기업들이 시장정보의 정확성을 대단히 중시하기 시작했다는 것이다. 형식적인 리서치 회사와 방법을 배척하며 시장조사 연구의 방법과 과정을 강조하고 상식과 경험을 통해 정보의 정확성을 검토하는 방법을 배우기 시작했다.

다섯째, 자문을 도입하고 '외부두뇌'를 이용하고 있다. 중국 기업들은 과거 전문적인 자문을 홀시했다. 지금은 책략이라는 곤혹스런 방식을 던져버리고 외부 전문역량을 이성적으로 이용하기 시작했다. 몇 차례 굴곡을 겪은 후 성숙한 기업들은 전문성을 갖춘 다양한 자문기구들을 어떻게 감별하는지를 배웠다.

이런 모든 변화는 시장 변화에 따라 경영철학과 행위가 반응한 결과다. 공업화로 인한 생산의 규모화, 업무의 전문화와 분업화는 필연적으로 시장경쟁을 격렬하게 만듦과 동시에 시장 이윤의 대폭적인 감소와 제로 상황을 초래한다.

월마트는 2004년, 2,500억 달러가 넘는 영업수익을 올렸다. 하지만 순이윤은 4%도 못 미쳤다. 이들은 전 세계에서 가장 훌륭한 경영모델과 경영기술을 투자했고 모든 면에서 완벽한 '무장'을 갖추고 있었다. 게다가 전용 위성 채널 5개와 전용 위성 1개를 확보한 것은 획기적인 재고관리와 물류 시스템으로 경영효율을 극대화하기 위한 조치였다. 그럼에도 불구하고 이윤은 크게 늘지 않았다. 그러니 중국 기업들이 받는 경영혁신 압박은 얼마나 크겠는가.

　세계 500대 기업 가운데 '○○ 그룹'이라는 이름을 가진 곳은 거의 없다. 반면 중국에서는 대부분의 대기업들이 '그룹'이라는 이름을 갖고 있다. 언뜻 그룹이라는 말이 체계적인 조직 구조를 갖추고 있다는 느낌을 주지만 사실 중국 기업계는 오랫동안 조직 구조 설계 문제로 골머리를 앓아왔다. 분점, 지점에서부터 제품별, 지역별, 시장별 사업부까지, 게다가 위원회 아래 대규모 센터 등 정리된 조직 구조를 가진 기업은 거의 없다.

　사실 정리된 조직 구조란 게 있을 리 없다. 있다면 자기 기업의 시장규모에 맞은 구조가 있을 뿐이다.

　둥베이에 강의를 갔다가 마켓을 운영하는 친구를 만났다. '부안거富安居'라는 건축자재 유통회사를 경영하고 있는 친구였다. 부안거라는 가게 이름은 세계 3위의 건축자재 업체인 '바이안거百安居'와 글자 하나만 살짝 다를 뿐이다. 게다가 '부富'자와 '바이百'는 글자모양도 비슷하다. 친구의 슈퍼는 몇 년간 고급 시장을 피해 서민 시장을 공략해왔다. 그 결과 2004년에 영업수익이 1억 위안 규모가 되었다.

필자가 이런 이름을 붙인 이유를 묻자, 친구 대답은 간단했다. 바이안거에 시집가서 첩이 될 것이기 때문이다. 바이안거 측에도 벌써 속내를 털어놨는데 그쪽도 솔깃해 했다고 한다. 남녀가 몇 해 사귀다 보면 결혼 이야기가 나오지 않겠냐는 것이다. 처음엔 어이 없었지만 나중에 생각해보니 친구의 현명함에 웃음이 지어졌다.

바이안거의 영문 이름은 B&Q로 세계 500대 기업의 하나인 영국 킹피셔에 속해 있다. 킹피셔는 30년 넘도록 성공적인 경영 관리 경험을 가진 세계 최대의 건축자재 유통 그룹으로 실력이 뛰어나고 발전 속도가 아주 빠른 기업이다.

2002년 킹피셔의 전체 영업수익은 106억 파운드를 넘었다. 전 세계 10여 국가에 1,400곳이 넘는 프랜차이즈와 9만여 직원을 거느리고 있다. 거대한 인테리어 및 건축자재 영업망을 구축해놓은 지금 세계에서 가장 눈부신 건축자재 기업으로 성장했다.

B&Q는 영국 본토에 300개의 건축자재 프랜차이즈를 보

유하고 있다. 1998년 프랑스 동종업계 1위인 카스토라마와 합병 후 기업규모는 세계 3위, 유럽 1위로 뛰어올랐다.

친구가 하는 부안거가 이런 기업에 시집간다고 흉볼 사람이 어디 있겠는가? 지금 부안거가 하는 일은 두 가지다. 하나는 바이안거의 경영모델을 본보기로 배우고 고치는 데 진력해서 닮아가는 것이고 다른 하나는 바이안거가 손쓸 여력이 없는 지역에 세력을 넓히는 것이다. 훗날 이 모든 자원을 통틀어 몸값을 최대한 높이겠다는 뜻이다.

세상 모든 일에 '절대'란 없다. 시장경쟁이란 각도에서 볼 때 기업이 경영과 마케팅을 강화하고 규모를 키우는 것은 당연히 좋은 일이다. 새 길을 개척하고 몸을 잘 관리해서 값을 넉넉히 받고 '좋은 낭군에게 시집가는 것'도 좋은 일이라면 좋은 일 아니겠는가!

수치화되지 않은 것은 계획이 아니다

"과학이란 것도 수학을 성공적으로 운용해야만 완전한 경지에 다다를 수 있다."

칼 마르크스가 한 말이다. 마찬가지로 디테일 경영을 하려면 재무 수치와 통계를 효율적으로 운용해야 한다. 오늘 같은 시대에도 대차대조표가 뭔지 모르는 사장들이 적지 않다. 현금흐름표를 요구하지 않는 기업대표들도 부지기수다.

중국의 가전제품 전문업체 하이신은 '보수적' 재무관리로 유명하다.

"재무는 기업의 피와 같다. 피가 돌지 않으면 기업은 쇼크에 빠지거나 사망한다. 기업이 기한이 다 된 채무상환을 할 수 없다는 것이, 기업 사망의 진정한 기준이다. 발전 속도냐, 튼튼한 재무냐를 선택해야 할 때 기업은 속도가 아니라 건강을 택해야 한다. 크고 싶으면 먼저 강해져야 한다. 체면보다는 실속을 챙겨야 한다."

재무관리에서 보여주는 하이신의 '보수적'인 태도는 다음의 4가지 측면에서 그대로 볼 수 있다.

첫째, 하이신 자회사들의 최고책임자는 반드시 재무를 알아야 한다. 이것은 최고책임자로 일하기 위한 가장 첫 번째 조건이다. 모든 업무평가지표 시스템 가운데 재무적 지표는 연봉을 결정짓는 최우선 기준이다.

하이신의 업무평가지표 시스템 가운데 회수금이 차지하는 비율은 30%고 점유율·정보·판촉실행·홍보 등 시장관리는 25%, 서비스망 관리·고객 만족도 등 서비스는 25%, 회전횟수·재고수준·자산안전·상점업무확인 등은 10%, 재무관리 자체는 8%, 지점내부관리는 2% 등이다.

둘째, 재무에 대한 업무평가를 첫째 평가요소 위치에 올려놓는다. 가령 자회사의 매출채권이 판매수입의 5%를 넘을 경우 연봉 결제를 하지 않는다. 또 본사 및 자회사에 감찰부를 두고 자회사에서 올린 보고서의 재무수치에 대해 주기적으로 실태조사와 감사를 받는다. 감찰부는 사람, 재산, 자원 등 각 방면의 정보를 전면 장악하고 있다. 하이신은 1998년부터 지금까지 단 한 차례도 금전사고가 발생한 적이 없다.

셋째, 자산부채비율, 자금회전속도를 철저하게 통제한다.

넷째, 제품구성을 조정해 이윤창출능력을 높인다. 하이신은 이렇게 말한다.

"다른 사람이 치밀한 준비 끝에 시장을 빼앗아 가면 우리는 되찾아올 수 없다. 그러나 우연하게 적당히 시장을 빼앗기게 되었다면 우리는 원래대로 되찾아올 수 있다."

2003년 훙더우는 판매액 60.54억 위안을 달성해 중국 의류업계 판매순위 2위에 올랐다. 이 회사는 주먹구구식 경영을 개선하기 위해 다양한 조치를 취했는데, 그 중 하나가 두 장의 천을 대는 작업을 할 때 오버룩이 1mm를 넘지 못하도록 공장관리 규정을 정하는 것이었다. 또 컴퓨터를 이용해 재단을 하여 8,000벌 제작에 드는 원단 구매량을 예전보다 416m 절약하도록 했다. 모두 재무수치를 바탕으로 고안해낸 조치였고 그 결과 약 5%의 예산을 절감할 수 있게 되었다.

90년대 중반, 롄샹 그룹은 컴퓨터를 생산하면서 기업 발전모델로 대규모 계획, 대량 구매, 대량 판매를 채택했다. 당시 롄샹에는 44개 독립된 정산 단위가 있었다. 매월 이 단위들에서 쏟아내는 주문서가 2만 개, 영업액 20여 억 위안, 구매 4,000여 건, 계산이 맞지 않는 경우가 4,000여 건으로, 재무관리팀 70여 명이 매일 같이 야근을 해야 했다.

그렇게 한 달 내내 정산을 해도 그다지 정확한 재무제표가 나오지 않았다. 재무제표 수치도 틀린 것이 많았다. 연재고회전율은 1.7회에 그쳤고 적체손실이 해마다 전년 대비 5%씩 늘었다. 주요 원인은 이 부분의 보조재 원가가 생산라인 재고에 계상되면서 당기 각 완제품에는 계상하지 않은 탓이었다. 그 결과 계속해서 누적되던 보조재 재고를 연말에서야 발견했다. 이에 렌샹은 특별 재무관리 조치를 취했고 지금 렌샹은 재무관리능력이 눈에 띄는 성장을 보이고 있다. 이윤 중심 179건, 직능 부문 32건, 원가 중심 1,400건의 통계와 재무제표는 월말결산 뒤 닷새가 지나면 뽑아낸다. 1995년에는 72일이나 되었던 재고회전이 2000년에는 20일이 되었다. 이는 2000년 재고자금 평균잔고인 9억 6,300만 위안을 기준으로 계산하면 1억 2,600만 위안의 원가를 낮춘 셈이다. 2000년도 수입 200억 위안에 맞춰 계산하면 제품 적체 손실도 1995년의 2%에서 2000년 0.19%로 떨어뜨렸다. 돈으로 치면 3억 6,200만 위안의 원가를 절약한 셈이다. 미수금 회전일수도 1995년 정확히 28일이었지만 2000년에는 14일로 줄었다. 이는 원가로 따지면 4,700만 위안을 낮춘 셈이다. 악성 미수금이 총수입에서 차지하는 비율 역시 1995년 0.3%에서 2000년 0.05%로 떨어뜨렸다. 이는 5,000만 위안의 원가를 낮춘 셈이다.

중국전신은 내부에 존재하는 주먹구구식 관리현상을 검토하면서 좀 더 재무에 치중하여 분석했다. 이것을 중국전신베이징연구원 원장 샤오쉐진은 「정확한 관리란 무엇인가? 중국전신을 보라」라는 글에서 이렇게 지적했다.

'중국전신의 각급 관리기구의 재무계획능력이 떨어져 상반기에 많은 프로젝트에 비용을 과다지출하면서 하반기에 투입할 자금이 부족했다. 수입, 원가수치가 부정확했다. 예산도 전체적으로 꼼꼼하게 책정하지 못했다. 그것은 매 항목에 대해서 구체적으로 파악이 안 되고 있다는 뜻이다. 각 담당자가 예산지표에 대해 묻는 이유도 가지각색이었다. 경영인들은 모든 계획이 하나하나 정확히 수치화, 계량화해야 한다는 생각을 미처 하지 못하고 경험으로 적당히 때려맞추는 식에 머물렀다. 과정이 결과를 결정한다는 인식이

부족했다.'

정타이 그룹은 부품공급사와의 관계가 어지럽고 복잡했다. 2001년 부품공급사는 무려 1,200곳이나 되었다. 이 회사 경영진은 '몇몇 공급사들의 가격은 몇 년째 정해온 대로 했는데 다른 데보다 비싸단 말이야, 그렇다고 품질이 더 나은 것도 아닌데.' 라고 생각했다. 그리고 다들 '어차피 우리가 지불하는 거라면, 당연히 친척과 먼저 거래하는 게 좋겠지……'라며 자연스럽게 받아들였다.

그러나 정타이당위원회는 부품공급사의 가격대 성능대비 수치를 면밀히 분석한 후 정부구매시스템을 도입해 원자재 구매 입찰 공고 제도를 실행하겠다는 뜻을 밝혔다. 입찰 공고를 거쳐 이후 정타이 그룹의 부품공급사는 1,200곳에서 786곳으로 축소됐다.

뿐만 아니라 입찰 전 미리 부품들의 최저가를 확정하면서 공급 마진을 보편수준인 3~5%로 정했다. 비교적 중요한 부품에 대해서도 8~10%의 마진을 주는 것으로 못 박았다. 그로 인해 2001년 정타이 그룹의 부품 구매원가를 1억

600만 위안을 절약할 수 있었다. 이후 2002년에는 3,200만 위안, 2003년에는 6,618만 위안을 절약하며 3년 사이에 총 2억 위안의 구매원가를 낮추었다. 입찰 제도를 시행하는 과정에서 정타이 그룹의 난춘후이 총재는 친척에게 미리 다음과 같은 경고를 했다고 한다.

"지금까지 몇 년을 우리 정타이라는 나무를 베어 먹고 살아왔겠지만 이제는 그럴 수 없게 되었습니다."

총재의 한 친척은 입찰에 붙기 위해 자그마치 300여 만 위안을 들여 새롭게 설비를 갖추었지만 입찰에서 떨어지는 고배를 마셔야 했다. 총재는 개인 돈으로 친척의 손실을 메워줄지언정 입찰 제도는 망가뜨리지 않았다.

2003년 1,600만 대의 전자레인지를 생산한 거란스는 한 가지 실험을 했다. 완제품 조립공장 1개 생산라인에 40여 명이 책임져왔던 기존 공정을 더욱 세분화해서 70여 명의 인부를 투입한 것이다. 하지만 이론적으로는 1인당 책임 공정이 적을수록 속도가 빨라져야 했지만 실제 실험에선 생산성이 오르지 않았다. 자동화 생산시스템이 아니다보니 제품을 다음 공정으로 넘길 때 사람이 직접 밀어주어야 하는데 이것 때문에 일정한 시간이 걸릴 수밖에 없었던 것이다. 현재 거란스는 표준형 전자레인지 생산라인 1개당 53명을 고정으로 배치하고 있다.

DJ47은 정타이 그룹 단자회사의 주요 제품이다. 이 제품의 각 부품 생산에서 조립, 검사, 포장까지 모두 여섯 번의 공정을 거쳐 완성하기까지 총 6일이 걸린다. 하지만 조립과 포장을 제외한 몇 개 중간공정을 자동화 생산라인으로 전환할 경우 제품 한 개를 만들어내는 데는 불과 하루밖에 걸리지 않는다고 한다. 그렇다면 바로 자동화 생산라인으로 바꾸는 것이 효과적일까?

반드시 그렇다고 할 수는 없다. 재무 분석에 따르면 단자 작업장의 4개 자동화 생산라인을 갖출 경우 라인 1개당 500만 여 위안이 든다. 복잡한 설비일수록 유지보수비 원가는 높아진다. 자동화 생산라인 1개는 보통 50~60명의 인력을 대체할 수 있다. 그러나 현재 정타이의 임금수준을 놓고 따져봤을 때 줄어들 인원수만큼의 인건비는 자동화를 갖추기 위한 설비투입비와 유지보수비의 합보다 적다. 이런 이유로 정타이는 '되도록 노동집약적으로 생산하면서 생산기술, 기계장비 등을 적절히 배합'한다는 중국 제조업만의 실용적인 기술투자 방침을 확정했다.

중국발전 개혁위원회의 연구원 쉬왕과 가오스지는 이러한 모델을 가리켜 '인력과 기계를 유기적으로 결합한 생산 모델'이라 불렀다. 두 연구원은 공저『상대적 경쟁력과 생산방식의 창의성』에서 이렇게 지적하고 있다.

"중국공업이 국제경쟁력을 다지는 길은 우리보다 앞서 공업화한 국가들의 생산기술과 방법에 의존하는 것만으로는 불가능하다. 그것은 무엇보다 우리가 가진 각종 우위를 체계화하고 모은 토대 위에서만 가능하다."

현재 많은 기업의 고위경영진들은 『손자병법』『역경』에 심취하거나 고대문학 대작들 속에서 경영에 도움이 되는 영감을 얻고 싶어한다. 하지만 정작 구체적인 경영방법에 대한 연구는 부족하다. 실행 속에서 효과를 얻어야 하고 운영에 바로 적용할 수 있는 경영 모색도 구체적 경영활동 속에서 찾아야 한다. 그래서 기업은 품질에 전념할 때는 '품질이 태산보다 버겁고' 안전에 전념해야 할 때는 '안전이 태산보다 버겁다'라는 생각으로 해야 한다.

그러나 기업의 리더들은 철학적 측면의 경영사고와 경영전략에 빠져 주먹구구식 경영을 아직도 많이 하고 있다. 재무 분석과 같은 경영의 디테일한 문제들에 대해서는 연구하지 않는다. 그러면 정책결정이 단순하게 되고 규칙은 실행되지 않는다. 한마디로 공허하다.

중국전신의 샤오쉐진은 절약적이면서 고효율적인 기업 경영방식은 4가지 특징이 있다고 말한다. 그 중 가장 명확한 특징은 기업의 재무상황에 주목하는 것, 데이터화와 그 데이터의 정확성을 강조하는 것이다.

경영의 근원은 자질이고 자질은 훈련에서 나온다

어떤 선진적인 경영철학, 우수한 경영모델과 방식, 완벽한 프로세스와 제도가 있더라도 경영의 출발점은 훈련이다. 바로 효율적이고 지속적인 자질 훈련이다.

훈련은 습관을 낳고 습관은 자질을 키운다. '재주 있는 자는 오만해서 실패하고, 보통사람은 태만해서 평범해진다.'는 말이 이것을 잘 대변해 준다. 모든 것이 갖추어져 있어도 경영 자질이 갖추어져 있지 않으면 아무런 소용이 없다.

우리는 흔히 '훈련이 잘되어 있다'는 말을 하는데 이것은 군대에서 나온 말이다. 갓 입대한 사람이 타고난 군인 기질, 즉 군인이 될 소질을 갖추고 있을 가능성은 크지 않다. 엄격한 훈련을 오랫동안 받은 뒤 몸에 배게 되었을 때 비로소 군인다운 자질을 갖출 수 있다. 이불을 자로 잰 듯 반듯하게 개거나 개인 사물을 반듯하게 정돈하는 사소하면서 좋은 습관들을 가지게 되고 그런 습관들이 쌓일 때, 강력한 전투력이 생기고 어긋남 없는 집행이 가능하게 된다. 기업 내 직원들 모두가 군인 기질을 갖추고 그 위에 전문지식과 기능을 갖추게 된다면 별다른 제도 없이도 잘 굴러갈 것이다.

중국사회에서 인간중심 경영을 위해 가장 많이 하는 것이 직업화 훈련이다. 1993년 빌 게이츠는 저서 『미래로 가는 길The Road Ahead』에서 이렇게 예측했다.

"미래사회에는 사회노동력의 절반 이상이 일을 할 필요가 없어질 것이다. 일을 하더라도 근무시간이 학습시간보다 길지 않을 것이다. 일을 한다 해도 근무시간의 절반은 휴식시간이 될 것이다. 한마디로 대다수 사람이 일을 하지 않으며 일하는 사람도 대다수 시간을 일하지 않을 것이다. 그럼 무엇을 할까? 학습과 훈련을 하고 이로써 일할 기회를 얻을 것이다. 현재 기업이 직원들에게 전문화 훈련을 하지 않는다는 것은 그들을 완전히 버리는 것과 똑같다."

예전에 쓴웃음을 짓게 하는 일화를 들은 적이 있다. 어떤 사장이 직원식당에 와서 식당 밥이 너무 초라해서 평소 직원들의 복지개선에 소홀했다고 생각하며 얼굴을 붉혔다고 했다. 하지만 작업장으로 들어선 순간 사장은 바로 후회했다. 직원들의 자질이 너무 낮고 열심히 일하지도 않아 생산성이 떨어진 것을 목격했기 때문이다. 직원들의 복지에 관심을 가지지 않아서 직원들의 자질을 높이지 못한 것이 아니었다. 기업의 전문화 훈련이 너무 뒤처져 있었기 때문이다. 마찬가지로 직원들이 정말로 바라는 것은 업무능력을 발전시키고 전문성을 높여서 더 좋은 성과를 올리고 더 많은 보수를 받는 것이다.

중국사회의 인간 중심 경영에서 진정 중요한 것은 직원들의 전문화 훈련이다. 하이얼 그룹의 CEO 장루이민은 일찍이 이런 말을 했다.

"부하직원들의 자질이 낮은 것은 당신의 책임이 아니다. 하지만 부하들의 자질을 충분히 끌어올리지 못한 것은 당신의 책임이다."

임금은 노동력을 사는 값이다. 훈련은 회사를 위한 투자다. 업무과제는 훈련의 기회이고 회사는 훈련의 무대라 할 수 있다.

사실 누구나 일을 하면서 3가지를 얻는다. 우선, 돈이다. 돈을 피하는 것이 일종의 허위라면 돈만 따지는 것은 저속한 태도다. 그 다음은 학습과 훈련의 기회이다. 발전할 수 있는 기회를 얻을 수 있다. 마지막, 자신의 존재가치를 높이는 무대를 얻는다. 누구든 자신의 핵심 경쟁력을 끌어올리는 학습과 훈련의 기회를 얻고 싶어 한다. 따라서 훈련은 개인이나 기업 모두에게 좋은 일종의 투자라 할 수 있다.

영국의 많은 기업가들이 '기업은 조직원들이 부를 창출하게 하는 동시에 직원들에게 학습경험을 제공해야 한다.'고 생각한다. 미국기업은 매년 직원교육에 약 300억 달러 정도를 쓴다. 직원 평균 임금수입의 5%를 차지하는 액수다. 미국에서는 이미 1,200여 개 다국적 회사가 경영대학원을 열고 있다. 바로 이렇게 투자하기 때문에 직원들에게 직장을 소중히 여겨야 하며, 훈련무대를 소중히 여겨야 한다고 말한다.

1984년 페렐만은 이렇게 말했다.

"다음 세기 초, 미국은 전체 미국인 4분의 3을 차지하는 지식근로자들을 가지게 될 것이다. 그들의 지속적인 직업훈련은 직업을 얻는 선결조건이 될 뿐 아니라 주요한 근무방식이 될 것이라고 생각한다."

세계 기업들은 오래 전 학습과 훈련, 그 자체가 업무의 가장 중요한 일부분이 되어 있다.

훈련은 학습과 다르며, 교육과도 다르다. 관건의 차이는 방법을 중시하는 '단련'에 있다. 말하기를 예로 들어보자.

말하는 것은 일상생활에서 계속 있는 일이다. 보통사람도 모두 할 줄 안다. 하지만 훈련된 조직원이 업무상 하는 말은 체계가 있어야 한다. 조직은 효율을 추구하기 때문에 말을 질질 끌어서는 안 된다. 시간도 잡아먹고 의사소통도 순조롭지 않게 되기 때문이다.

효율적으로 말하기 위해서는 몇 가지 훈련이 필요하다.

첫 번째, 3분 안에 말하는 훈련을 하는 것이다. 말을 시작하기 전에 머릿속으로 정리를 한 다음 3분 동안 요점을 말할 수 있으면 횡설수설하지 않는다.

두 번째, 구분을 지어 말하는 것이다. 하나의 주제를 1, 2, 3의 구분을 지어 말하면 훨씬 분명하게 전달할 수 있다.

세 번째는 3단 논법을 사용하여 말하는 것이다. 먼저 상대에게 결과를 말하고 과정을 설명한다. 혹은 먼저 결론을 말하고 다음에 보충, 강조, 설명한다.

네 번째, 데이터를 충분히 이용하는 것이다. 내용을 뒷받침해주는 정확한 데이터는 내용에 신뢰를 주고 의사소통이 보다 더 원활하게 이뤄지도록 만들어 준다. 마지막으로 누구에게 말하고 있는지를 정확히 파악해서 듣는 사람이 알아들을 수 있는 언어로 말하는 것이다. 세일즈맨과 얘기할 때는 세일즈맨들의 언어로 말해야 효과적이다.

이런 훈련이 직원들을 너무 바보 취급하는 것 아니냐고 생각할 수도 있다. 사실 교양 없는 경영자들은 늘 직원을 바보 취급한다. 하지만 교양 있는 경영자는 직원들을 디테일하게 훈련시키고 단련시킨다. 당신은 직원을 어떻게 생각하는 리더인가.

디테일 경영을 실행하는
4가지 원칙

숫자 안에 답이 있다

서양 속담에 다음과 같은 말이 있다.

'하나님을 믿는다는 말 외엔 모든 말은 숫자를 써서 말하라.'

같은 맥락에서 나 역시 이런 말을 자주 한다.

'좋은 사람이 되려면 관대해야 하고 일을 하려면 엄격하고 성실해야 한다. 관대함은 타고난 지혜에서 나오며, 엄격함은 숫자에서 나온다.'

좋은 사람이 되려면 관대해야 하고 일을 하려면 엄격하고 성실해야 한다는 것은 보편적인 사회법칙이다. 일을 할 때 가장 피해야 할 것은 '대체로, 거의, 아마 그럴거야'처럼 이도 저도 아닌 판단, 그리고 주관적인 억측과 무질서한 준비다. 이렇게 멍청하게 일해서는 모든 것을 그르치고 망친다.

경영이란 좋은 사람이 되는 과정이며 동시에 일을 성취하는 과정이다. 그래서 경영인은 조직에 조화롭게 매진할 수 있는 분위기와 조직이 일을 엄격하고 성실한 태도와 과학적인 자세로 임할 수 있는 분위기를 만들어주어야 한다. 경영인은 조직원에게 수치화 개념을 갖도록 해야 하며 수치화 방법으로 기업의 목표와 계획, 현황의 특징을 그려낼 수 있게 해야 한다.

더 나아가 수학도구를 이용해 총괄, 판단, 기업활동을 예측하는 규칙 등을 이해시킴으로써 더욱 객관적이고 정확하며 체계적인 계획을 세워 기업활동을 준비하게 해야 한다. 그래야 기업이 낭비를 줄이면서 효율적으로 굴러갈 수 있다.

경영학 발전의 역사도 과학화, 수치화, 기술화의 역할을 다시금 증명해주고 있다. 테일러의 과학적 관리론에서 시작되어 온갖 발전을 거듭하면서 금세기 초의 ERP와 식스시그마에 이르기까지 경영방법은 점점 더 정교하게 기업의 다양한 측면에 깊숙이 침투해서 경영효율과 경영의 폭을 획기적으로 끌어올렸다.

데이터화 원칙이 강조하는 것은 데이터를 이용해 말하고 데이터를 이용해 분석하고 데이터를 이용해 요구하며 데이터를 이용해 검증한다는 것이다. 디테일 경영에서 데이터의 역할은 다음의 8가지 방면으로 드러난다.

첫 번째, 데이터를 이용해 요구를 명확히 한다. 이는 직원들에게 어떻게 하는 것이 정확한 것인지 알게 해준다.

두 번째, 데이터를 이용해 표준을 명확히 한다. 어느 정도까지 해야 정확한 것인지 알게 해준다.

세 번째, 데이터를 이용해 목표를 명확히 한다. 조직이 과제의 해발고도를 알게 하고 자기가 가야 할 거리를 알게 해준다.

네 번째, 데이터를 이용해 계획을 명확히 한다. 조직이 어떻게 가야 어떤 장비를 얻고 어떤 것을 공급할 수 있는지 알게 해주며, 어떻게 자원을 배분하고 장비를 어떻게 사용할지를 알게 해준다.

다섯 번째, 데이터를 이용해 환경을 스케치하여 자사 제품과 경쟁제품의 차이 유무를 알고 차이가 어디에 있는지 얼마나 차이가 나는지 안다.

여섯 번째, 데이터를 이용해 실행을 검토하며 실행과 계획의 거리를 조사한다.

일곱 번째, 데이터를 이용해 데이터를 추론하여 과학적 결론을 찾아낸다.

여덟 번째, 데이터를 이용해 기업경영의 구멍을 찾아낸다.

첫 번째부터 여섯 번째까지는 모두가 체득할 수 있는 것들이다. 문제는 어떻게 하느냐에 달려있다. 일곱 번째와 여덟 번째는 다소 혼동될 수 있기에 좀 더 설명하겠다.

경영 전반의 인프라가 취약한 중국에 공인회계사 열풍이 불고 있다. 어디든 고용되기만 하면 최고의 연봉을 보장받고 있는 실정이다. 그럼 이 사람들은 왜 그렇게 높은 연봉을 받을까? 바로 투자든 새로운 사업이든 특히 보험, 금융, 도박 등에서 이길 수 있는 확률을 계산해낼 수 있기 때문이다.

이런 직업이 존재하는 자체로도 기업경영이 강력한 수리

관계를 맺고 있다는 것을 증명한다. 또 이것은 기업의 정책 결정 혹은 계획 세우기에 이용할 수 있다는 사실을 설명해준다. 우리는 수리관계를 통해서 우리가 원하는 결론을 찾아낼 수 있다. 즉, 데이터를 이용·추론하여 과학적 결론을 찾아낼 수 있다.

경영활동에서 사용되는 모든 숫자는 서로 연관을 가진다. 판매 데이터, 생산 데이터, 구매 데이터, 재무 데이터들이 서로서로 연관되어 있어서 이런 데이터를 통해 우리는 경영상의 문제점을 찾아낼 수 있다.

록펠러가 석유사를 경영할 때 이런 일화가 있었다. 한 원유사 사장이 드럼통 덮개 100개를 받아가더니 일주일 뒤 다시 와서 덮개를 또 받아갔다. 록펠러는 그를 불러다 물었다.

"지난주에 당신네가 생산한 석유는 ○○톤이고 이 양이면 드럼통 40개에 모두 넣을 수 있소. 지난번에 가져간 드럼통이 60개나 남았을 텐데 더 가져가는 이유는 무엇입니까?"

이 이야기는 기업경영에서 각종 데이터들이 서로 연관되어 있으며 경영인은 이런 연관들 속에서 경영 흐름상의 다양한 문제들을 발견할 수 있다는 점을 보여준다.

규칙은 벽에 걸기 위해 만드는 것이 아니다

1997년 선양페이룽 그룹의 장웨이는 2년간 회사의 문을 닫고 깊이 반성했다. 그리고 자신이 회사를 경영하면서 저지른 21가지 큰 잘못을 정리했다. 그 중 한 가지 잘못은 경영의 규칙이 실제에 맞지 않고 디테일하지 않았다는 것이었다. 장웨이는 뼈 속 깊이 이 교훈을 새겼다.

"규칙을 만드는 것은 첫걸음일 뿐이다. 그 다음 반드시 두 가지 방면의 내용, 즉 규칙은 디테일한 규칙을 통해 지키고 실행을 통해서 디테일한 규칙을 검사한다는 내용을 덧붙여야 한다."

직원수칙 가운데 회사를 열렬히 사랑해야 한다는 조항이 있다고 가정하자. 어떻게 사랑하라는 것인지 분명하지가 않다. 하지만 가령 회사 정문 바로 앞에 사기를 걸어놓고 모든 직원이 정문을 들어서면 먼저 사기 앞에 머리를 숙이고 10초간 묵례를 한다거나 아니면 다른 구체적 방법을 제시한다면 모두 그렇게 할 것이고 점점 습관이 될 것이다. 그러면 공허한 규칙이 되지 않는다.

이를테면 '특수상황에서는 최고책임자가 지시한다'는 조

항이 대부분의 기업들 규칙조문에 끼어 있는데 이것도 문제가 있다. 과연 무엇을 특수상황이라고 하는가? 규칙 내의 특수인가, 규칙 이외의 특수인가?

규칙 내에는 '특수'가 없다. 규칙 안에 모두 규정이 되어 있기 때문이다. 규칙 이외의 특수라는 개념은 경계가 정해져 있지 않다. 게다가 최고책임자가 지시를 내릴 권리가 있는 것도 아니다. 해결 방법은 2가지다. 하나는 규칙에 대해 최대한 디테일하게 생각하는 것이다. 또 하나는 조작할 수 있거나 쉽게 부패를 낳을 수 있는 표현 자체는 아예 없애버리는 것이다.

규칙이 임의로 조작되지 못하도록 하는 간단한 방법은 요점만 구체적으로 적는 것이다. 규칙을 제정하는 사람들 중에 많은 이들은 첫머리에 장황하게 허튼소리를 늘어놓기 일쑤다. '~을 위해서' '~하는 상황에서' '이 제도를 특별히 제정한다' 하면서 끝에 가서 별 중요하지 않은 것들을 강조하는데 이런 것들은 모두 쓸데없다. 바로 주제로 들어가 필요한 규칙 수만큼 적고 할 수 있는 규칙 수만 적는 것이 규칙의 조작을 막는 가장 확실한 방법이다.

어디까지 디테일해야 하는 것인가

경영의 디테일화는 디테일할수록 좋을까? 어느 정도까지 디테일해야 최상일까? 적어도 다음 2가지 사항은 필시 파악해야 한다. 더 세분할 수 있는가 없는가. 더 세분할 필요가 있는가 없는가. 이것이 바로 마지노선원칙이다.

마지노선은 때로 경고일 수 있다. 이것은 규칙이 최대한 용납할 수 있는 정도에 대한 문제다. 우리가 평소 말하는 '참으려야 참을 수 없는 정도'가 바로 그 경계선에 대한 생생한 표현이 될 것이다. 상식적인 수준을 넘는 비정상적 상황은 처벌조항에 가져다 쓰거나 거절해야 할 것이다.

간단한 예를 들자면, 어떤 회사에는 광고비 정산 규정에는 다음과 같은 조항들이 있다.

아래 상황에 해당되는 경우, 광고비용을 정산하지 않으며, 어떠한 항목으로도 결제될 수 없다.

A. 본사의 비준범위를 초과하는 광고비용

B. 본사의 심사에 부합하지 않는 광고비용

C. 본사 제품과 무관한 내용이 들어간 경우의 광고비용

D. 횟수가 초과되거나 허위 청구인 광고비용

E. 유관 증빙자료를 제공할 수 없는 광고비용

모두 선을 그어 넘지 못하게 한 마지노선 조항이다.

이런 종류의 상한은 대개 권장 성격의 규칙에 많이 쓰인다. 가령 '최고 50,000위안을 넘지 못한다' '최장 3시간을 넘을 수 없다'와 같은 것들인데 '50,000위안'이라든가 '3시간'이 일종의 마지노선이다. 또 어떤 범위에 대한 요구가 있을 수 있다. 가령 '오차범위는 3~5mm 사이'든가 '연령은 25~30세'와 같은 것이 그것이다.

경영의 접점을 맹점으로 두지 말라

민항기 관제탑은 비행 중인 항공기의 '최고사령관'이다. 한 점의 착오도 있어서는 안 되는 곳이다. 이를 위해서 경영자는 몇 겹의 보호막을 설치한다.

우선 어떤 사람이 내리는 명령이든 하나도 빼놓지 않고 종이에 신속하게 기록하도록 한다. 그리고 이것을 6개월간 보관한다. 모든 항공기가 보내는 신호 또한 예외 없이 동시에 신속하게 기록하여 전용카드에 관리한다. 또한 지시를 내릴 때는 두 사람이 서로 보증한다. 한 사람이 명령을 내리면 다른 한 사람은 도표에 그대로 표시하고 한 사람이 말하면 다른 한 사람이 대조한 다음 항로나 고도, 속도 등 운행 통지를 한다. 만일 잘못되었으면 바로 시정하여 말한 다음, 생각한 것이 일치되도록 한다. 다음으로는 감독원을 두어 명령을 내리는 두 사람 뒤에 서서 두 사람의 대조 상황을 감독한다. 녹음과 서면기록은 6개월간 보관하고 모든 프로세스를 엄격하게 집행하며 문제가 발생하지 않도록 수시로 검사한다.

관제탑의 예에서 보듯 경영에도 접점문제가 존재한다. 부서와 부서, 부문과 부문, 상급과 하급, 조직의 안과 밖 등 현대사회를 세분할수록 업무와 업무 간, 업무와 부서 간, 부서와 부서 간 교차점은 반드시 있게 된다. 이것을 '경영의 접점'이라고 한다. 경영상의 접점은 지금도 많은 기업들의 맹점으로 남아 있다. 이는 접점의 문제에 무신경하고 해결에 무력하기 때문이다. 일은 일대로 사람은 사람대로 각자 외롭게 변해버렸다. 한마디로 경영의 접점문제를 방치한 것이다. 부서 간 접점은 소통을 통해서 해결한다. 소통의 기술, 소통방식 같은 것들은 이미 많은 책에서 다루어졌다. 조직들도 훈련을 통해서 비교적 잘 해결되고 있다.

여러 부서가 과제 하나를 공동으로 완성해야 할 때에는 일대일 소통에만 의존하면 문제가 생길 수 있다. 보통은 이를 방지하기 위해 격식화라는 업무진도표 방식으로 접점문제를 해결한다. 가령 도색 시스템이라는 과제가 있을 때는 아래와 같은 표를 만들 수 있다.

〈도색 시스템 기획준비업무 진도표〉

번호	항목	책임자	완성시간	팀원	비고
1	앙케트조사		04/5/16		조사대상의 요구, 수량
2	기초도료		현재		회의
3	안료		04/6/15		외부구매, 정가 및 규격 재배정
4	배합 소프트웨어		04/6/15		1000컬러 세트에 요구
5	도색 설비		04/6/15		스타일 선구매
6	컬러차트 전시		04/6/15		1000컬러차트와 전시대
7	부속품		04/6/15		스타일 샘플 구매
8	내외벽 기초칠의 시장가격		04/6/20		회의
9	시장확장방안		04/6/20		회의

이처럼 하나의 업무에 여러 항목이 있고 항목에 따라 책임자와 완성시간, 검수표준이 있을 때, 통합성격의 업무를 몇 개의 업무표로 나눈다. 그러면 임무를 완수한 일군의 우수한 사람이 책임을 다하지 못한 사람을 기다리는 식이 아니라 항목마다 하나씩 맡아 표에 따라 정해진 시간 안에 완성하게 하면 충분히 유기적으로 업무를 해낼 수 있다. 이것이 격식화된 업무진도표가 제공하는 편리함이다.

여기서 주의해야 할 점은 책임자는 반드시 한 사람이어야 한다는 것이다. 그리고 제1책임자의 부재 시에는 제2책임자가 임무를 맡아야 한다. 즉 항목마다 책임자가 둘이 아니라 하나여야 한다. 한 가지 일에 책임자가 한 사람이어야 책임감이 생기고 책임을 맡는 사람이 생긴다.

디테일 경영은
경영자로부터
시작된다

**경영자에게 꼭 필요한 것은 명확한 경영철학과
디테일에 대한 무한한 사랑이다.**

Wang Zhongqiu

─'관'은 '리' 안에 있다

일반적으로 '관리'라고 하면 권력과 연관된 구속과 통제를 떠올린다. 하지만 자세히 들여다보면 관리란 '관管'과 '리理'의 통일체이다. '관'은 감독과 통제를 '리'는 지도와 서비스를 의미한다. 관리의 본뜻에서 보면 관리의 핵심은 통제다. 유효한 통제자원이 있고 자원을 가장 필요한 곳에 배치해야만 효율을 최대화할 수 있기 때문이다.

반대로 느슨하고 산만한 관리로는 기업 내에 조직의 힘을 발휘하기 어렵고 유한한 자원으로 실제적인 이익을 극대화할 수 없다. 다만 통제의 목적을 달성하는 것은 결코 간단한 일이 아니다. '리'는 '관'의 경로이다. '관'은 '리'의 목적이다. 따라서 관리는 모순된, 그러면서 유기적인 통일체이다.

관리를 행하는 과정에서는 '리'가 '관'보다 더욱 중요하다. 그러나 이 점을 잘 이해하지 못하는 이들이 많다. 더 큰 문제는 사람들이 '관'만 알고 '리'를 모른다는 점이다. 그래서 관리의 과정에서 '관'에 해당하는, 즉 약속과 통제를 강행하는 권력적 방식만을 사용한다. 결과는 늘 그 반대로 나타난다. 왜냐하면 관리과정에서는 마땅히 '리'를 더욱 중시해야 하는데 그렇지 않기 때문이다. 현명한 관리는 '리' 안에 '관'이 있다.

감독과 통제라는 의미에서 보면, '관'의 대상은 주로 사람들의 나태함, 탐욕, 이기심, 엉성함 같은 약점들이다. 관리가 적절치 않거나 아예 관리를 하지 않을 경우, 이런 약점들이 더욱 악화된다. 관리를 통해 얻고자 하는 효과와 목적을 달성하는 데 실패한다. 이런 약점을 피하거나 방지하기 위해서는 2가지 측면을 고려해야 한다. 하나는 문화적 측면, 또 하나는 인성 측면이다.

중국은 오랫동안 자급자족하는 농경생산방식의 영향으

로 공동 작업에 익숙하지 않으며 혼자 하기를 좋아하는 성향을 가졌다. 일 처리가 거칠고 디테일한 사고와 태도가 부족하며 무슨 일에서든 관계를 들먹이며 정한 규칙을 왜곡시키거나 망치면서 뒷거래하기를 좋아한다. 이런 문화적 약점들은 모두 관리, 특히 디테일 경영의 철학과는 완전히 상충된다.

인성 측면은 사람이면 흔히 가진 약점이 되겠다. 대표적인 것으로는 나태함이나 탐욕을 들 수 있다. 나태함은 외부 압력이 없을 때 일하고 싶어하지 않은 사람들의 성향을 말한다. 이것은 기업의 실행력을 떨어뜨리고 계획과 임무를 기한 내에 완성시키지 못하게 만든다. 여기서 탐욕은 물질적인 이득만을 가리키는 것은 아니다. 최소한의 노력만 해놓고 최대한의 보답을 바라는 마음까지 포함된다.

어떻게 보면 이런 욕심은 관리의 요지와 일치한다. 관리란 유한한 자원으로 최대의 효율성을 발휘하는 과정이고 기업 입장에서 경영자는 직원들이 잠재력을 최대한으로 발휘해주기를 바라기 때문이다. 직원 입장에서의 욕심도 가장 적은 노력으로 최대의 대가를 얻고 싶어 한다. 기업 입장에서든 개인 입장에서든 둘 다 노력의 정도와 시간을 비롯한 여러 측면에서 양자 간에 모순을 가지고 있다.

인성 면에서의 약점은 전 세계 어디서나 볼 수 있는 문제다. 세계 어느 기업이든 이 문제를 해결할 방법을 찾고 싶어한다. 중국 기업도 마찬가지다. 하지만 실제로는 인성 면에서의 약점은 아주 기초적인 문제다. 경영에서 더 어려운 문제는 문화 측면에서의 약점이다. 경영 과정에서 반드시 이런 약점을 억제, 방지, 극복하지 못한다면 관리 효과는 조금도 거두지 못한다.

물론 이미 많은 사람들이 경영을 하면서 이런 약점을 극복할 방법들을 고안해냈다. 가령 사람들이 합작에 익숙하지 않은 약점에 대해서 많이 일할수록 많이 받게 하는 새로운 임금지불방식을 적용하는 것을 들 수 있다.

실제 칭다오강톄 그룹에서는 '일당'과 같은 지불방법을 적용하여 성공적인 효과를 얻었다. 현재 많은 기업들이 적용하고 있는 임금(혹은 상여금)을 직책과 연결시킨 것 또한 같은 맥락에서 유효한 방법이라 할 수 있다.

일 처리를 대충하는 태도에 대해서는 업무의 목적과 업

무 실행의 표준을 확립하고 이를 개인의 목표와 연결시켜 설명할 필요가 있다. 그리고 관계에 대한 집착은 장기적으로 기업 발전에 영향을 주는 문제이기 때문에 조직 안에서 완벽한 감시와 관리가 필요하다.

외국의 선진적인 경영 노하우를 중국 기업에서 도입하더라도 크게 효과를 내지 못하는 것 역시 이 문화 측면의 약점에서 기인한다. 중국 기업들이 지금 당장 노력해야 할 것은 문화 측면의 약점을 해결하는 일이다. 문화 측면의 약점과 보편적인 인성의 약점이 결코 확실하게 분리되지 않지만 이런 약점들이 극복될 때 진정한 관리의 힘이 발휘될 수 있다.

기업은 지도와 서비스라는 의미의 '리'를 통해 직원들이 각자 내재된 힘을 발휘하여 정확한 방향을 향해 나아가도록 이끌어야 한다.

과정이
결과를 보장한다

사회에는 사회규칙이 있고 기업에는 기업규칙이 있다. 법이라 부르든 규칙이라 부르든 이것은 사람들의 행위를 지도하는 중요한 역할을 한다. 사람들이 정확한 일을 하도록 고무하고 잘못된 일을 하는 것을 방지하며 잘못했을 경우 처벌한다. 이것이 관리의 '리'의 문제다.

어떤 기업이든 조직 구성원의 행위규범을 지도하는 경영규칙이 있게 마련이다. 관리가 감독과 서비스의 의미를 갖추었다고 한다면 기업규칙도 제도와 절차의 통일체라 할 수 있다. 제도란 조직 구성원이 잘못된 일을 하는 것을 통제하고 벌을 주는 것이다. 절차란 구성원이 정확한 일을 정확하게 하도록 지도하는 것이다.

기업의 제도는 반드시 견고하게 만들어지고 어떤 상황에서도 흔들림이 없어야 한다. 즉, 조직 구성원으로 하여금 반드시 지켜야 하고 어겼을 때는 엄격한 처벌을 받는다는 점을 명확하게 알려주어야 한다. 그래서 제도는 '뜨거운 화로 법칙'과 같이 운영되어야 한다. 즉 모두가 화로는 뜨겁다는 것을 인식하고 그것을 건드리는 자는 누구도 예외 없이 다친다는 점을 알게 해야 한다.

하지만 경영자 입장에서 더 중요한 점은 제도에 있는 것이 아니라 절차, 즉 조직 구성원이 정확한 일을 하고 정확하게 일을 하도록 지도하는 데 있다.

정확하게 일을 한다는 것은 기업 전략에 맞게 기업이 치르는 대가를 최소화하면서 최대한의 보답을 얻도록 하는 것을 말한다. 정확하게 일하지 않을 때는 직원들의 근무는 쓸데없는 것이 된다. 이는 의심할 것 없이 낭비다. 결국 정확하게 일한다는 것은 정확한 방법으로 업무효율을 높이는 것이다. 그리하여 기업의 전략 목표를 순조롭게 실현하도록 한다.

중국사회는 역사적으로 제도만을 중시하고 절차를 경시해왔다. 이것은 과정을 경시하고 결과를 중시하는 기업풍토를 낳았다. 그러나 시계가 정확하게 시간을 가리키기를 바란다면 반드시 초침이 잘 가줘야 한다. 과정이 잘못되었다면 목표하는 결과를 얻지 못한다.

한 젊은 스님이 절에서 종 치는 일을 맡았다. 종 치는 일이 너무 심심하다고 느낀 젊은 스님은 석 달 동안 그럭저럭 간신히 시간을 보냈다. 어느 날 주지스님은 젊은 스님에게 장작을 패고 물을 긷도록 했다. 종치는 일을 잘할 수 없다고 판단해서였다. 그러자 젊은 스님은 항의했다.

"저는 제때 종을 쳤습니다. 종소리도 크게 울려 퍼졌고요. 그런데 도대체 제가 왜 이 일을 관둬야 하는 거죠?"

주지스님이 대답했다.

"네가 친 종은 정확한 시간에 맞춰 잘 울려 퍼졌다. 하지만 종소리가 공허하고 감동이 없었다. 오히려 피곤함을 주는 소리였어. 종소리는 사리분별에 어두운 중생을 깨워주기 위한 것이다. 종소리는 맑아야 할 뿐 아니라 매끄럽고 힘차고 묵직하게 오래 울려퍼져야 하느니라."

의욕 없이 나태하게 일하면 안 된다는 측면에서 이 이야기는 분명 교훈을 준다. 하지만 경영의 측면에서 보면 주지 스님은 3가지 잘못을 저질렀다.

첫째, 사전에 종을 치는 일에 대한 표준을 제시해주지 않았다. 당연히 젊은 스님은 어느 정도의 어떤 느낌으로 종을 쳐야 하는지 알 수 없었을 것이다.

둘째, 젊은 스님에게 종을 치는 일의 중요성을 설명해주지 않았다. 일이 가지는 의미를 알려주지 않아서 젊은 스님은 쉽게 나태해졌다.

셋째, 젊은 스님에게 필요한 훈련을 시켜 종을 치는 일에 상응하는 기능을 갖추도록 하지 않았다.

무슨 일이든 준비를 해야 성공하고 준비하지 않으면 실패한다. 이것은 사전에 할당된 업무에 대해 전면적인 계획을 세운 후 무엇을 해야 하는지, 왜 하는지, 어떻게 하는지 또는 어느 정도까지 해야 하는지를 실행하는 사람이 확실히 알아야 한다는 뜻이다. 즉 업무책임, 업무의의, 업무방법, 업무표준을 실무자에게 확실히 주지시켜야 한다. 그래야 경영자가 만족할만한 업무 효과를 얻을 수 있다.

　앞에서 기업규칙을 제도와 절차로 구분해 설명한 것은 절차가 제도보다 더 중요한 것임을 인지시키기 위해서다. 만족할만한 경영 효과를 얻고자 한다면 반드시 일정한 절차를 거쳐서 그 효과를 실현할 수 있도록 보장해야 한다.

　거꾸로 결과만을 중시하고 절차를 경시하면 일을 서두르다 일을 그르쳐 기대한 결과를 얻지 못하게 될 것이다. 그리고 절차 중시의 경영을 실천하는 가장 효율적인 방법은 직원 훈련을 더욱 강화하는 것이다.

　이미 많은 기업에서 하고 있는 부서책임제로는 디테일 경영의 요구를 만족시키기 부족하다. 기업들은 부서책임을 벽에 붙여 놓고 조직 구성원들이 업무 내용과 목적을 확실히 인지하고 완성시키도록 요구만 하고 있지 거기에 상응하는 지원역할은 조금도 하고 있지 못하기 때문이다.

　디테일 경영의 요구를 만족시키기 위해서는 구성원들이 순조롭게 임무를 완성할 수 있게 바로바로 실질적인 도움을 줄 수 있어야 한다. 부서책임제에 더욱 완벽을 기하는 동시에 구성원들에게 상응하는 훈련을 진행하여 구성원들이 임무에 필요한 능력을 완전히 갖추게 해줘야 한다.

현재 디테일 경영을 비교적 잘하는 기업들은 이미 직원 수첩으로 부서책임제를 대체하고 있거나 부서책임제를 더욱 디테일하게 만들어가고 있다.

코카콜라 마케팅부서 업무 수첩은 12개의 1급 목록, 47개의 2급 목록으로 채워져 있다. 임무에 대해서도 대단히 세밀하게 서술해놓아 누가 이 수첩을 보더라도 자기 임무가 무엇인지 어떻게 임무에 착수해야 하는지를 알 수 있다.

중국 대부분의 조직은 리더 개인이 결정권을 가지는 지도 체제이다. 절대적이라 할 수 있다. 리더 개인이 조직과 시스템 전체의 운용상황을 결정한다. 그렇다면 리더 혹은 정책결정권자는 정말 조직의 운용상황을 모두 아는 걸까? 어떻게 아는 것일까?

그것은 언제나 리더들이 기업의 갖가지 디테일에 대해 주시하고 있기 때문이다. 디테일은 사물에 내재한 관계와 본질을 반영한다. 지극히 작은 사물에도 관계와 본질을 통한 맥락, 즉 일종의 예측력을 가지고 있다. 리더들은 구체성을 띤 사소한 일과 그 일들의 맥락 속에서 전체 조직과 시스템의 운용상황을 파악할 수 있다.

리더가 아주 사소한 문제의 디테일을 포착하여 해결해 내기만 해도 조직은 순식간에 많은 효과를 볼 수 있다. 나아가 이것은 조직 분위기와 실무 현장에 있어서 혁신을 가져오는 동력이 된다. 하이얼 그룹의 CEO 장루이민은 어떤 경향을 띠는 사소한 일과 디테일을 포착해야 한다고 주장한다.

"기업의 리더는 한 가지 일에 대해서 그 밑바탕을 틀어쥐는 강인함을 지녀야 한다. 중국 기업들은 리더가 결정한 정책이 하부로 전달되는 과정에서 약화되거나 왜곡되는 일이 많다. 리더가 끝까지 주시하지 않으면 다 되었을 거라고 믿었던 일들이 저 아래에서는 아직 시작도 하지 않은 채 있다. 하지만 우리의 방법은 일의 처음부터 끝까지 딱 하나에만 집중한 다음 이것을 확대시키는 것이다. 경우에 따라서는 아주 구체적으로 파고 들어간다."

그는 사소한 일 하나하나를 잘 포착하는 것이 시장 전체의 기회를 포착하는 것과 같다고 생각했다. 어떤 일이든 별

개로 벌어지는 일은 있을 수 없다는 이유에서였다. 사소한 일 하나를 주변과 연동시켜 이해하고 변주하면 전체의 본질을 이끌어낼 수 있다는 것이다.

경향성을 띠는 사소한 일과 디테일을 주시할 것, 이것은 경영자의 책임이자 경영자가 반드시 지녀야 할 자질이다.

베르너는 프랜차이즈점 1,370곳, 고용원 20,000명, 2002년 매출액 26억 유로를 기록한 DM이라는 슈퍼마켓의 사장이다. 어느 날 베르너가 한 DM 분점을 방문했을 때 일이다. 베르너는 분점 매니저에게 빗자루를 가져오게 했다. 분점 매니저는 베르너에게 빗자루를 건네며 궁금하다는 듯 물었다.

"베르너 씨, 이걸로 뭘 하시게요?"

베르너는 바닥을 가리켰다.

"보세요, 조명이 바닥을 비추고 있습니다. 이유 없이 말이에요."

그러면서 빗자루 막대로 위쪽 등을 밀어 상품 진열대를 비추게 했다.

이런 작은 일들까지 최고경영자가 관여하고 직접 손을 대야 한다면 어찌 피곤하지 않겠는가? 하지만 베르너는 그가 디테일에 신경을 쓰는 이유를 이렇게 말한다.

"물론 제가 매일같이 모든 분점들을 돌아다니면서 자잘한 문제들을 다 관여할 수는 없습니다. 하지만 이렇게 해서 다른 직원들에게 지시보다 더 강한 인상을 주게 됩니다."

기업가에게 정말 필요한 것은 명확한 경영철학과 디테일에 대한 무한한 사랑이다.

맥도날드를 창시한 레이 크록은 미국에서 영향력을 가진 기업가 중 한 사람이다. 그는 종일 사무실에 앉아 있는 것을 싫어하며 대부분의 시간을 '움직이는 관리'에 쏟아 붓는다. 즉 맥도날드 소속 회사, 각 부문들을 돌며, 보고 듣고 묻고 다닌다.

맥도날드는 한때 심각한 위기를 맞은 적이 있었다. 그때 크록은 가장 중요한 한 가지 원인을 찾아냈다고 한다. 회사 각 부문 매니저들의 관료주의가 심해져 편안한 의자에 기대 앉아 이래라저래라 지시만을 내리며 황금 같은 시간에 담배나 피우고 잡담하면서 낭비하고 있었던 것이다.

크록은 기발한 '묘안'으로 이 문제를 해결했다. 그 묘안이란 모든 매니저들의 의자 등받이를 잘라버리는 것이었다. 매니저들은 지시를 따를 수밖에 없었다. 처음 사람들은 크록을 향해 미쳤다고 손가락질했다. 그러나 곧 그의 '고심'을 깨닫고 사무실을 나와 '움직이는 관리'를 실천하기 시작했다. 그러자 조직 전체가 그때그때 상황을 이해하고 현장에서 문제를 해결하게 되면서 마침내 적자를 벗어나 흑자로 접어들게 되었다. 조직의 생존과 발전에 박차를 가하게 된 것이다.

과제 할당은
과제 완성이 아니다

경영자는 실무자에게 과제를 주는 것만으로 완료되었다고 생각해서는 절대 안 된다. 과제 할당은 경영의 시작일 뿐이다. 이것은 일반적인 경영 상식이다.

그러나 오랫동안 기업경영과 경영자문을 하면서 우리는 많은 경영인들이 계획을 곧 완성으로 생각한다는 사실을 알게 되었다. 이들은 과제를 할당한 다음부터 모든 일이 계획대로 잘될 거라고 마음을 놓곤 한다. 그래서 그 다음 어떻게 실천되어 가는지 감독하거나 독촉하지 않는다. 결과물에 대해서 구체적인 검사와 평가 역시 하지 않는다.

'과제 할당=과제 완성' 이것은 많은 경영인들이 꿈에 그리는 이상이다. 그야말로 기업의 뛰어난 행동력과 실행력을 드러내는 것이기 때문이다.

그러나 현실 속의 기업들은 아직 이런 수준의 실행력을 갖추지 못한 것이 사실이다. 과제 할당을 과제 완성으로 여기는 단순한 경영자들의 사고는 오히려 그 과제를 제대로 해내지도 못하고 해냈다 하더라도 요구수준에 미치지 못하게 만드는 원인이 된다. 그렇게 되면 디테일 경영의 방향과는 더욱 멀어지게 될 뿐이다.

자격미달의 직원은 없다. 자격미달의 경영자가 있을 뿐이다. '과제 할당은 곧 완성', 이 말은 곧 경영자가 후속 경영 절차를 빼먹는다는 뜻이다. 과제 완성을 위한 하나의 완전한 프로세스는 경영자가 과제들을 모두 할당한 다음 반드시 순서를 쫓아, 과제 실현 여부와 결과물 평가 등을 체크하는 것까지를 일컫는다.

과제를 할당해놓고 완성했다고 생각하는 경영자들은 사실 대충대충 일하는 사람, 주먹구구식 경영을 하는 사람이다.

리더가 과제 할당을 대충하는지 정교하게 하는지에 따라

실행 효과는 크게 달라진다.

업무 배치는 정해진 단계를 밟아 이루어질 때 만족할 만한 결과를 얻을 수 있다. 그러기 위해서는 첫 번째로 책임자와 소통을 통해 업무 내용과 목적, 예상되는 결과, 기업에 미치는 영향을 분명히 정리해야 한다. 그 다음 실무자에게 결과에 대한 책임을 맡기고 업무가 어느 정도 완성도 있게 실행되어야 하는지 구체적으로 제시해야 한다. 이때 업무수량, 일정, 완성시한을 명확히 하고 업무에서 중요한 점, 어려운 점을 제시해주고 발생하기 쉬운 문제들을 미리 알려줘야 한다. 그 다음 업무 프로세스를 설명하면 된다. 바로 업무 방법을 제시할 수도 있지만 업무 실행과정에서 담당자가 방법을 모색하게 하는 것이 더 바람직하다.

업무가 완료된 후에는 결과물에 대한 검사를 설명하고 평가사항과 기준, 결과에 따른 상벌규정도 설명해준다.

업무 내용을 명확히 하고 이만큼 세밀한 요구를 했을 때 일을 맡은 사람은 과제를 대충대충 하지 못한다. 물론 일을 맡은 사람이 무능력하거나 고의인 경우를 제외한다면 말이다. 이 경우는 또 다른 경영의 문제에 속한다.

추가적으로 작은 규모의 기업들이 업무를 잘 실행하기 위해 도입해볼 만한 3가지 방법을 추천해주고 싶다. 바로 책임 확인제, 진도표, 따라 말하기 등이다.

책임 확인제는 부하직원이 업무를 맡을 때, 바로 그 자리에서 완수해야 할 업무의 항목들과 요점을 종이에 적고 완성일자를 표시해서 사인한 다음 경영자에게 주도록 하는 것이다. 이후의 업무평가에까지 대비하는 관리방법의 하나라 하겠다.

확인제를 쓰는 이유는 간단하다. 일상생활에서 돈을 빌린다든지 하는 금전거래가 있을 때 간략하게나마 차용증을 쓰듯이 기업과 같은 조직에서도 부하직원이 맡아 진행하는 일은 그 가치가 100위안 정도가 아니라 10만 위안, 100만 위안, 몇 천만 위안, 심지어 몇 억 위안짜리일 수도 있다. 몇 백 위안짜리와는 비교도 안 되는 어마어마한 액수다.

이렇게 중요한 일에 일할 사람의 서명을 받아두는 것은 책임 확인제의 가장 좋은 형식이다. 경영인은 이 승인을 근거로 일을 맡은 사람에게 책임을 물을 수 있다. 그리고 일을 완수했는지, 어떻게 완수했는지, 업무능력과 책임감을 체크할 수 있다. 비교적 중요한 일이라면 반드시 일을 맡은 사람의 승인을 받아야 한다.

진도표는 책임 확인제를 확대한 것이다. 가령 많은 사람이 필요한 일이나 다방면의 일을 동시에 진행해야 하는 일, 약정 기한 내에 완성할 수 있는 큰 프로젝트의 경우 개인 능력만으로는 완성할 수 없기 때문이다. 이런 경우 진도표 방식을 써야 한다.

진도표는 복잡한 문제를 간단하게 만든 결과를 적어 놓은 것이다. 그래서 진도표를 이용하려는 경영인은 복잡한 문제를 하나하나 구체적으로 파악하고 유기적으로 결합된 작은 일들을 분해할 수 있어야 한다. 그런 다음에야 전문가들에게 완성을 책임지도록 하고 최종적으로는 복잡하고 방대한 프로젝트 전체를 유기적으로 완성할 수 있다.

비교적 복잡하고 난이도가 높은 일이라면 경영인은 책임자들과 토의하여 이 사업을 완성하는 데 필요한 물자와 인력 조달 등에 대한 의견을 제출하도록 하는 것이 좋다.

책임자는 맡은 과제를 더 세분화하고 최종적으로 각각의 구체적인 책임자들이 실제로 움직이도록 만들어야 한다. 이 때 경영자는 총책임자와 하위 책임자가 서로 협조하여 업무에 만전을 기하도록 기반을 만들어주어야 한다.

진도표는 경영인이 문제의 본질을 파악하는 능력 및 조직, 협조 능력을 시험받는 1차 관문과 같다. 경영인은 무엇보다 복잡한 일을 간단하게 만드는 능력을 갖추어야 한다. 복잡한 사업을 직원들이 실행할 수 있도록 구체적인 업무로 분해하고 동시에 협력시스템이 갖추어서 사업 참여자 모두가 유기적으로 같은 목표를 향해 움직이도록 만들어야 한다.

이 복잡한 일을 간단하게 만드는 것은 대단히 중요한 능력이다. 또 이것은 실행력을 높이는 가장 유효한 수단이다. 이 방법을 전 미국 대통령 그랜트는 오랫동안 제창했다. 그는 자신이 내린 명령들이 너무 복잡해서 아랫사람들이 정확하게 이해하기 어렵다는 사실을 깨달은 뒤 명령 방법을 바꿨다. 명령을 간단하게 바꾸기로 한 것이다. 우선 경비를 보통수준의 지능을 가진 경비병으로 바꾸었다. 그리고 매번 작성하는 명령문서의 초고를 맨 먼저 경비병에게 읽어주었다. 경비병이 이해를 못하거나 알아듣기 힘들어하면 다시 고쳐 썼다. 경비병이 완전히 이해할 수 있을 때까지 고친 다음에야 마지막에 명령을 전달했다. 평범한 경비병이 바로 이해할 만큼 간단한 명령이 실행력을 높였다.

경영자가 주의해야 할 점도 바로 여기 있다. 경영자가 복잡한 일을 간단하고 바로 실행할 수 있는 일로 분해하면 일은 단조로워진다. 그래서 경우에 따라 실무자는 일에 대해 무미건조함을 느낄 수도 있다. 이럴 때를 위해 경영자는 업무를 배치할 때 작은 일이라 해도 전체 조직운용에 어떤 위치에 있고 어떤 의미가 있는지 설명하여 직원들의 열정을 환기시켜주어야 한다. 아울러 창조적으로 일하도록 격려해야 한다.

이렇게 해야 직원들이 더욱 효과적으로, 창조적으로 업무를 완성할 수 있다.

따라 말하기는 아주 간단한 일을 지시하는 경우에 쓴다. 승인과 서명 같은 것이 필요치 않은 일에는 해야 할 일을 말로 바로 복창하도록 하면 된다.

가령 내일 아침 8시에 상하이로 가는 비행기 표를 사오는 일을 맡기는 데 종이에 써가면서까지 지시할 필요는 전혀 없다. 비행기 표를 사러 갈 사람한테 할 일을 한 번 복창하게 하면 된다. 따라 말하기는 간단한 일을 맡길 때 적합한 방법이면서 의외로 많이 쓰인다. 일상에서는 더 흔하다.

중국이 자주적으로 연구하고 제작한 첫 유인우주비행성인 신저우 5호가 2003년 10월에 발사할 때도 착오를 방지하기 위해 명령을 받은 사람은 반드시 그 명령을 다시 한 번 복창하게 했다. 또 음식점에서는 고객이 음식을 주문하면 서비스에 차질이 생기지 않도록 종업원이 다시 한 번 주문을 복창한다.

이 방법을 처음 시도한다면 직원들이 우리를 바보로 아냐며 반감을 보일 수도 있다. 하지만 우리가 생각해야 할 것은 분명하다. 경영자는 백지에서 경영에 필요한 그림을 그린다. 직원 역시 백지로 생각하고 경영에 필요한 윤곽과 색을 칠해주면 된다. 왜 그럴까?

사소한 것에서 실수하지 않게 막아주기 때문이다. 경영자는 명확하게 지시를 내렸다고 생각하고 받는 사람도 명확하게 알아들었다고 생각하는 사소한 실수가 업무를 실패로 만들 수 있다.

구성원 각자가
디테일 경영자다

평생 직장생활을 하는 사람은 많다.
그러나 자기 분야의 전문가가 된 사람은 적다.
전문가와 비전문가의 차이는 지능이 아니라
노력의 차이, 집중의 차이다.

개인은 조직을,
조직은 개인을 다시 만든다

'조직 구성원 각자가 경영자'라는 이 말에는 2가지 의미가 내포되어 있다. 하나는 조직 구성원 한 사람 한 사람이 디테일 경영의 대상이자 참여자라는 의미다. 또 하나는 조직 구성원 한 사람 한 사람이 디테일 경영의 주체이자 이행자라는 의미다.

디테일 경영은 전원이 참여하는 과정으로, 한 사람 한 사람이 디테일 경영에 참여할 때 디테일 경영이 현실화되고 제대로 된 효과를 거둘 수 있다. 디테일 경영이란 결국, 전 조직원의 디테일화를 말한다. 그래서 조직원의 적극적인 참여가 없다면 디테일 경영은 의의와 가치를 잃고 만다.

즉 피지부존 모장언부皮之不存 毛將焉附라 할 수 있다. 가죽이 없는데 털이 어찌 붙을 수 있겠는가. 근본이 없으면 지엽적 노력도 효과가 없음을 뜻한다.

디테일 경영의 목적은 어디에 있는가. 그것은 조직의 구성원 각자가 디테일 경영 과정에 참여함으로써 자신의 잠재력을 최대한 발휘하여 기업경쟁력을 떠받치는 유기적 구성체가 되는 것이다. 디테일화는 결코 기업 내 소수 리더가 아니라 기업 전체 구성원이 해야 할 일이다. 구성원 각자는 자신이 맡은 부문과 영역에서 업무에 대한 적극성과 자신의 잠재력을 최대한 발휘해야 한다. 단 이것은 기업의 전체 제도와 시스템 설계가 완전할 때 비로소 가능하다.

기업은 제도보다 가치관이 우선하며 기술보다 제도를 중시해야 한다. 제도를 설계할 때 다음의 3가지 점을 주의해야 한다.

첫째, 단체정신의 배양과 수립에 성공하려면 먼저 협동정신을 길러야 한다. 한 사람이 능력이 아무리 뛰어나도 훈련과 협조가 잘되어 있는 팀을 이기지 못하며 우수한 조직만이 우수한 성과를 만들어낼 수 있다.

둘째, 구성원 모두에게 각자 적극성을 최대한 발휘할 수 있도록 촉구해야 한다.

셋째, 시스템 전체의 협조를 최우선해야 한다. 노는 사람 없이 모두가 일을 하고 어떤 일에나 모두가 관리를 하는 유기적인 통합체를 형성해야 한다.

인간의 지혜를 자극하고 창조에 대한 열정을 고무하는 제도의 안착이 최신 기술과 기법보다 더욱 중요하다. 새로운 고차원의 기술도 그 발전은 언제나 인간의 창의력에 의존해왔다. 지식경제시대에 들어선 지금은 인적자원이 제도와 기술을 실현하는 전면적인 창조에 더욱 의존할 수밖에 없다.

'구성원 각자가 디테일 경영자'라는 모토는 사회적 분업 발전의 필연적인 결과다. 사회적 분업 체제에서 한 사람 한 사람은 기업 안에서 하나의 기능을 맡아 기업 전체의 유기적 시스템의 한 부분 혹은 하나의 연결고리를 이룬다. 전체 시스템 안에서 각자는 하나의 부분, 하나의 연결고리일 뿐이지만, 그 안에서는 각자가 그 부분과 연결고리의 전부이기도 하다. 누구도 시스템의 전부가 될 수 없다. 시스템의 연결고리 하나하나가 제대로 기능하기 위해서는 다른 구성원의 협력과 참여에 의존해야 한다.

조직원 각자가 디테일 경영에 참여하는 정도와 효과가 기업의 디테일 경영의 성패를 결정한다. 디테일 경영은 '구성원 각자가 경영자'가 되어 디테일 경영 과정에 적극적으로 참여할 것을 요구한다. 그러한 전제에서만 디테일 경영이 자리를 잡고 전체 기업 시스템이 유효한 성과를 낳을 수 있다.

'구성원 각자가 경영자'가 되려면 3가지 진입단계를 거치게 된다. 업무 적용과 경영 참여, 자아 경영이 그것이다. 업무 과정에서 디테일 경영을 접목시키는 것이 우선이고 그다음은 부서 표준을 통한 경영 참여, 마지막으로 개인 행위에까지 확장되는 자아 경영의 단계가 있다.

'구성원 각자가 경영자'란 자신이 경영자라는 자각이 몸에 배게 하는 것이다. 자신이 경영의 대상으로서 업무 배분에 따르고 업무 요구에 맞추어 자기 행위의 규범을 따라야

한다는 뜻이다. 또한 부서와 직책에 근거하여 경영에 주동
적으로 참여하고 부서 표준을 엄격히 지키며 직책을 충실히
이행해야 한다. 동시에 자아 경영을 적극적으로 실천하고
자아 경영과 자아 개발을 통해서 업무 소질을 높이고 다른
조직원과의 협조 관계를 통해 발전의 기회를 넓혀야 한다.

　기업 입장에서 '구성원 각자가 경영자'라는 모토는 기업
의 경쟁력을 높이는 데에 견인차 역할을 한다. 기업은 경영
의 디테일화를 통해 경영 체계를 더욱 통합적으로 갖추어야
하고 경영을 더욱 과학적으로 규범화하여 기업의 경쟁력을
더욱 높여야 한다.

　구성원 입장에서 '구성원 각자가 경영자'라는 화두를 가
지고 디테일 경영에 적극 참여하다 보면 기업이 정말 각자
에게 원하는 핵심 역량과 실무 역량을 최대로 키울 수 있고
과학적이고 실용적인 마인드로 자신을 객관화할 수 있게 되
어 성공에 필요한 핵심 요소를 갖출 수가 있다.

사소한 일을
디테일하게, 철저하게

　　일을 대충해서 '거의 비슷한' 수준으로 채우는 것, 이것은
경영이 부실한 기업의 고질병이다. 제품과 서비스 품질이
발전하지 못하는 중요한 원인이다. 아무리 하찮은 일이라도
하지 않느니만 못한 일은 없다. 너무 디테일해서 무시당해
야 할 만큼 디테일한 일은 없다. 독일 물리학자 뢴트겐이
X광선을 발견한 이야기는 우리가 어떻게 디테일해야 하는
지 좋은 가르침을 준다.

　　어느 날 음극선 연구에 몰두해 있던 뢴트겐은 여느 때와
마찬가지로 혼자서 어두컴컴하고 방전음으로 시끄러운 실

험실에서 일을 하다 종이를 뚫고 나온 작은 광선을 발견했다. 자세히 보니 그 빛은 학생 하나가 종이 위에 형광물질로 쓴 A라는 글자에서 나오고 있었다. 음극선은 공기 중에서 불과 몇 센티미터까지만 전파할 수 있기 때문에 이 미약한 빛은 음극선보다 투과력이 강한 알 수 없는 어떤 광선에서 나온 것이 분명했다.

어떤 일이나 엄격하고 치밀한 뢴트겐은 이 작은 발견을 놓치지 않았다. 포커 카드로 다시 실험해보니 역시 빛이 종이를 투과했다. 뢴트겐은 다시 두꺼운 책에 이 광선을 쪼는 실험을 하면서 형광막에 선명한 그림자가 생기고 광선이 직선으로 나아간다는 사실을 발견했다.

뢴트겐이 이 빛이 금속을 투과하는지 여부를 확인하기 위해 작은 납덩이를 형광막 앞에 가져갔더니 형광막에 납덩이 그림자가 생겼다.

그런데 그뿐만이 아니었다. 놀랍게도 납덩이를 잡은 손의 뼈 형상까지 선명하게 보이는 것이 아닌가. 그는 자석을 이용해 음극선의 진행방향을 바꿔보고 몇 분이 안 되어 이 광선이 음극고압선이 관벽에 충돌한 곳에서 나온다는 사실을 확인했다. 동시에 이 광선이 가시광선과 마찬가지로 자기장의 영향과 편향을 받지 않으며 따라서 전기를 띠지 않는다는 사실을 발견했다. 그러나 이 광선과 가시광선은 커다란 차이가 있었다. 반사, 굴절, 혹은 회절 현상을 관측할 방법이 없었다. 그는 이 광선도 필름에 감광반응이 생길 수 있다는 사실을 발견하고 세 장의 사진을 만들었다. 이렇게 해서 뢴트겐은 위대한 발견을 했고 이 발견으로 제1회 노벨 물리학상을 받았다.

뢴트겐이 X선을 발견한 후 많은 사람들은 자기가 먼저 발견했다고 주장했다. 뢴트겐이 운이 좋았던 거라고 깎아내리는 사람들도 있었다. 실제로 많은 사람이 X선을 보았을지 모른다. 하지만 뢴트겐처럼 파고들어 연구한 사람은 없었다. 뢴트겐이 X선을 발견하기 15년 전 런던 대학의 크룩스는 음극선관의 감광판에서 종종 발광현상이 생기는 것을 보았지만 감광판 품질이 떨어진다고 공급상에게 불평만 했다. 더 파고들어 연구하지는 않았다.

이처럼 치밀하고 세심하게 일하고 못하고의 차이가 결과를 아주 다르게 만든다. 중국의 옛말에 '직업이 다른 두 사람 사이에는 산 하나가 있는 것과 같다.'고 했다. 직업이 다르면 서로 이해하지 못한다는 뜻이다. 이것은 일의 기술적 측면을 두고 하는 말이다. 그러나 필자는 '하는 일이 달라도 이치는 다르지 않다'고 굳게 믿는다. 어떤 일이든 진지한 태도와 과학적 정신으로 사소한 일을 디테일하게 디테일을 철저하게 한다면 끊임없이 발전할 수 있다. 공업화와 대량생산, 사회적 분업으로 전문화도 갈수록 높아지고 있다. 전문화란 우리가 사소한 일, 더 디테일한 일을 해야 한다는 의미다.

조직 내 협력 측면에서 봐도 한 사람이 작은 일을 하고 더 세세히 알고 디테일을 더 철저하게 해야 한다. 많은 사람들이 사소한 일을 가벼이 여기고 디테일을 중요하게 생각하지 않는다. 사실 한 사람의 인생에서 가장 커다란 걸림돌이 되는 것이 바로 이런 태도인데 정작 대부분의 사람들은 모르고 지나친다. 인생에 결정적인 기회가 아직 오지 않았다고 생각하고 무엇인가를 막막히 기다리고만 있다.

지금 당장 직면하고 있는 숙제들을 디테일하게 풀어야 찬란한 기회를 만날 수 있는 것인데 말이다.

기업이 가장 필요로 하는 것은 직원 한 사람 한 사람이 자신의 처지에서 디테일을 잘하고 사소한 일들을 잘해내는 것이다. 그리고 진지하고 성실한 업무태도와 직업 습관을 기르는 것이야말로 인생에서 성공을 이루는 선결조건이다.

당신이 호텔의 벨보이라면 벨보이가 해야 할 디테일한 일들을 진지하고 세심하게 잘해내고 마음에서 우러난 미소와 세심한 서비스로 업무에 최선을 다하면 당신이 속한 호텔에서 '최고 벨보이'가 될 수 있다.

당신이 경비일을 하고 있다면 당신 앞을 지나는 한 사람 한 사람을 소중하게 맞으면서 인사를 하고 깍듯이 예를 차리면 틀림없이 '최고 경비'가 될 수 있다.

'최고 벨보이' '최고 경비'가 되었다면 그의 삶은 이미 변화의 길에 들어선 것이다. 당신은 조만간 조장이나 팀장이 될 것이다. 조장이나 팀장으로서 디테일한 일과 사소한 일을 잘해내면 어느새 매니저가 되어 있을 것이다.

실제로 작은 일들을 잘해내고 그 작은 일들을 세심하게 철저하게 해내는 사람은 결코 무시할 수 없는 좋은 직업태도와 직업습관을 기를 수 있다.

이런 직업태도와 직업습관이야말로 모든 기업이 귀감으

로 여기는 것들이다. 당신이 기업에서 정말로 필요한 사람, 칭찬받는 사람이 되었다면 당신의 운명은 당신도 모르는 사이에 바뀔 것이다.

지금 하고 있는 업무, 당신을 고용한 사람, 당신이 속한 회사를 좋아하든 그렇지 않든 성실하게 일하라. 작은 일에 세심함을 기울이고 디테일에 철저하면 이것들이 당신에게 적극적인 변화를 가져다줄 것이다.

디테일을 중시하라는 것은 달리 말하면 진지한 태도와 과학적 정신을 가지라는 것이다. 디테일에 충실하기 위해 중요한 것은 업무에 집중하는 것이다. 리쑤리가 '성실함은 업무를 완성하게 해줄 뿐이지만, 집중은 업무를 잘해낼 수 있게 한다.'라고 한 말이 바로 이런 의미다.

일을 잘할 수 있게 만드는 관건은 집중이다. 일평생 직장 생활을 하는 사람은 많다. 그러나 자기 분야의 전문가가 된 사람은 적다. 왜 그럴까? 그것은 집중해서 일하는 것이 아니라 그 일을 할 줄 알 뿐이고 그 수준의 경험을 평생 되풀이해왔을 뿐이기 때문이다.

전문가와 비전문가의 차이는 지능이 아니라 노력의 차이, 집중의 차이다. 집중의 정도를 결정하는 것이 바로 디테일을 중시하는가 아닌가다.

빌과 프랭크는 동시에 입사했다. 1년 뒤 프랭크의 연봉은 오르고 빌의 연봉은 그대로가 되었다. 빌은 화를 참지 못하고 사장을 찾아가 따지며 이유를 물었다.

"자네와 프랭크는 일하는 것이 확실히 다르니까. 어떻게 다른지 보여주겠네."

사장은 빌에게 시장에 가서 면화 가격을 조사해 오라고 했다. 빌은 사장이 시킨 대로 시장을 한 바퀴 둘러보고 돌아와 면화 가격을 보고했다. 그러자 사장이 물었다.

"면화를 파는 데가 몇 곳인가?"

빌은 모른다며 고개를 도리질했다. 그러자 사장은 프랭크를 불러 똑같은 일을 시켰다. 프랭크는 시장에서 돌아와 가격은 물론이고 면화점포가 몇 곳인지, 나아가 면화 시장의 잠재력까지 설명했다. 그뿐이 아니었다. 사장에게 상황을 더 잘 이해시키기 위해 합작을 위해서라는 명분으로 면화 품질이 가장 뛰어난 점포의 사장에게 방문을 요청해두기까지 했다. 사장은 빌에게 말했다.

"프랭크가 어떻게 일을 하는지 이제 알겠나? 이게 두 사람이 입사동기지만 연봉이 달라진 이유라네."

이 이야기에서 말해주듯 똑같은 일이라도 사람에 따라 자기 일에 부여하는 내용이 다르고 자기 일에 부여하는 가치가 다르다. 열의를 쏟는 사람은 디테일 하나하나에 집중함으로써 좋은 업무습관을 길러 삶의 발전과 성공을 이뤄나간다.

작은 일을 세심하고 철저하게 해내는 것은 기업경영의 기초적인 요구이다. 직원들이 작은 일을 철저하게 해내는 업무습관을 가진 기업은 분명 뛰어난 실행력과 경쟁력을 가진 기업이다. 이러한 가치관을 관철시키는 기업은 고유의 기업문화를 만들 수 있다.

제품과 서비스가 동질화함에 따라 경쟁이 격렬해졌다. 디테일 경영의 시대는 시작되었다. 이제는 디테일 경영이 미래 기업경쟁의 성패를 결정짓는다. 아주 디테일한 부분에서 작은 연결고리 하나까지 경쟁상대보다 우월해야만 경쟁에서 승리할 수 있다. 이러한 인식 아래서 중국항천집단은 디테일 문화를 조직하기 위해 '디테일에 주목하고 0.02만 더 하자'는 슬로건을 내걸었다. 전체 직원들에게 나로부터, 지금부터, 사소한 일에서부터, 기초에서부터, 디테일한 고리에서부터 각자가 0.02 더 하고 끊임없이 0.02를 하자. 일류기업 실현은 디테일한 0.02로 이루어진다고 호소했다.

이들은 산술을 인용해 '0.02 더 하기'의 의미를 설명한다. 첫 번째 산술은 이렇다.

$0.99 \times 0.99 = 0.9801$

$0.99 \times 0.99 \times 0.99 = 0.970299$

$0.99 \times 0.99 \times 0.99 \times 0.99 = 0.96059601$

$0.99 \times 0.99 \times 0.99 \times 0.99 \times \cdots\cdots =$

이처럼 계속 곱해 가면 곱할수록 값은 적어진다. 무수히 0.99를 곱해가다 보면 제로에 가까워진다. 표준의 업무를 1이라 할 때, 0.99가 의미하는 것은 '대충 비슷함' '그럭저럭' '괜찮음' '거의 다'쯤이다.

0.99와 1의 차이가 언뜻 보아서는 크지 않다. 그러나 무수한 '거의 다' '그럭저럭'이 계속될수록 차이는 점점 벌어지고 결국 실패로 귀착된다.

또 하나의 산술은 이렇다.

$1.01 \times 1.01 = 1.0201$

$1.01 \times 1.01 \times 1.01 = 1.030301$

$1.01 \times 1.01 \times 1.01 \times 1.01 = 1.04060401$

$1.01 \times 1.01 \times 1.01 \times 1.01 \times \cdots\cdots =$

이와 같이 곱하면 곱할수록 값은 커진다. 무수한 1.01를 곱하다 보면 무한대에 가까워진다. 일도 마찬가지다. 각자가 자기 소임에서 표준보다 조금씩만 더 하고 조금씩만 더 생각한다. 기초적인 부분, 디테일한 부분에 조금씩만 더 주의한다면, '1'에서 만족하지 않고 '1.01'을 한다면 기업은 직원 한 사람 한 사람의 디테일한 노력의 축적 속에서 날로 활기가 돌고 위대한 기업이 될 수 있다.

0.99와 1.01의 차이는 0.02, 즉 우리가 말하는 디테일이다.

업무의 디테일, 기초의 디테일, 서비스의 디테일, 협조의 디테일, 소통의 디테일 등 모든 디테일에서 끊임없이 0.02 더 하는 업무태도와 업무풍조가 기업을 영원한 불패의 땅에 서게 한다.

규칙을 지키게 하고
잔꾀를 척결하라

　디테일 경영을 실천하는 과정에서 한 가지 주의할 것은 규칙의식에 대한 강조다. 규칙은 일종의 행위표준이다. 경영 측면에서 보면 디테일이 가져오는 결과다. 규칙 준수는 디테일의 완전한 수행과 같은 의미다.

　보편적으로 중국인들의 규칙의식이 부족한 것은 여러 방면의 디테일에서 잘 드러난다. 베이징에서는 버스정류장에서 줄을 서지 않고 새치기하고 밀치며 버스에 타는 모습을 어디서나 볼 수 있다. 기다리는 사람이 많으니 얼른 자리에 앉아 편안히 가려는 것까지는 어떻게 이해할 수 있다 쳐도,

분명 기다리는 사람이 많지 않고 빈자리가 넉넉해서 모두가 앉을 수 있는 상황에서도 기어이 새치기를 하고 올라타려는 것은 분명 잠재의식에서 나온 행위다. 내면에 아예 규칙의식이란 게 없다는 것을 보여준다.

또 한 가지 예는 어린 학생들이 하교할 때 상황이다. 선생님들이 아이들을 줄 세워 교문 밖 정해진 지점까지 인솔해가고 거기서 부모들이 자기 아이를 찾아 데려가는 것이 정상이다. 하지만 부모들은 기다리지 못한다. 교문으로 몰려와 나가지도 들어가지도 못하게 문을 막아버린다. 교문을 막아서는 데에서 그치는 것이 아니라 다른 사람이 자기 아이를 찾기 힘들게 만든다. 규칙도 질서도 볼 수 없는 교문 앞은 늘 난리법석이다.

아무데나 가래를 뱉는 사람, 아무데나 쓰레기를 버리는 사람, 교통신호를 무시하는 보행자와 자전거 등, 규칙을 지키지 않는 일이 지금도 고쳐지지 않고 있다. 이런 단순한 디테일상의 현상들은 중국인들은 규칙의식이 없다는 것을 반영한다.

중국인이 머리가 좋다는 사실은 다들 인정하는 바이다. 그런데 일부는 꾀가 지나쳐서 교활하기까지 하다. 규칙을 지키지 않는 데에서 그치는 것이 아니라 규칙을 연구해서 편의대로 이용한다. '위에 정책이 있으면 아래는 대책이 있다'가 딱 맞는 표현일 것이다.

규칙의식 부재문제와 쌍을 이루는 것이 바로 중국인들의 모략을 중시하는 경향이다. 중국에는 규칙의식을 연구하는 사람은 적고 모략을 연구하는 사람은 많다. '이기면 제왕, 지면 역적'이라고 모략을 우선시하고 규칙을 경시하는 가치관이 중국인들 뇌리에 굳게 박혀 있다. 한편 역사 이래로 오랜 부패와 전란에서 비롯된 열악한 사회 환경도 준법보다 처세술을 떠받들게 만들었다. 이런 원인들이 규칙의식의 결핍을 초래한 것이다.

사회 전반의 규칙의식 결핍은 필연적으로 다방면에서 기업경영에 반영될 수밖에 없다. 따라서 기업이 디테일 경영을 실천할 때 반드시 직원들에게 규칙의식을 갖게 해야 한다. 외재적 환경이 나쁘다고 하더라도 디테일 경영을 통해서 기업은 자체 발전에 유리한 내부 환경을 만들 수 있다.

하이얼 그룹은 지위 고하를 막론하고 누구나 우측통행 규칙을 엄격하게 지킨다. 이것은 하이얼 직원들의 규칙 준수 의식이 강하다는 단순한 사실을 넘어서 사회 일반의 모습과 다른 기업의 문화와 어떻게 다른지 하이얼만의 자질을 보여주는 것이기도 하다.

디테일 경영을 하기 위해서 조직 구성원들의 규칙의식 강화는 매우 중요하다. 규칙이 없다면 조직은 혼란스럽고 실행력도 조직력도 있을 수 없다. 규칙의식을 기르는 과정에서 직원들의 잔꾀를 척결하는 것은 대단히 중요하다. 경험에 비추어 말하건대 규칙의식 형성의 첫째는 훈련이고 더 중요한 것은 징계다. 징계도 디테일한 설계가 필요하다.

어떤 한 국유기업은 지각, 조퇴 문제를 줄곧 해소하지 못해 고질병이 되었다. 지각과 조퇴에 대한 징계규정이 없지는 않았지만 일일이 처벌할 수가 없었다. 위반하는 사람이 너무 많아 기업도 지각과 조퇴 문제에 대해 반은 손을 놓은 형편이었다. 그 후 새로 온 경영자는 이 문제를 완전히 해결하기로 결정했다. 그는 이 문제를 연구한 뒤 전 직원에게 지각이나 조퇴를 하는 사람들 중 가장 늦게 출근한 사람, 제일 먼저 퇴근하는 사람에게만 징계를 내릴 것이고 지각과 조퇴 총합 3회를 기록한 사람에게는 상여금을 주지 않겠다고 선포했다. 그리고 직접 회사 정문 앞에 서서 체크했다. 결과적으로 1주일도 지나지 않아 지각과 조퇴 문제가 완전히 해결됐다.

규칙 준수는 디테일 경영의 중요한 내용이다. 디테일은 표준화이며 규칙은 그 표준화의 일부분이다. 기업은 반드시 직원들에게 규칙의식을 길러주고 기업의 규칙과 제도를 엄격히 준수하도록 해야 한다. 기업의 규칙과 제도가 한 치도 어긋남 없이 집행되게 해야 한다.

위엄이 없으면 규칙이 소용없다. 징계가 없으면 아무도 규칙을 지키지 않는다. 제도를 무시하고 규범을 지키지 않는 사람에 대한 징계는 예외 없이 엄격해야 한다. 규칙 위반은 기업 자원을 낭비하고 그에 따른 대가를 치르게 만들기 때문이다.

실제로 제도를 무시하고 규범을 지키지 않고 규칙을 바꾸는 이들은 대개 머리가 좋은 사람들이다. 그러나 잔꾀는

쉽게 잔꾀에 당하게 마련이다. 잔꾀와 지혜는 아주 다르다. 둘을 대비시키면 그 둘의 이미지가 잘 떠오를 것이다.

잔꾀가 많은 사람은 약삭빠르다. 고생하지 않거나 덜 고생한다. 눈앞의 이익을 놓치는 일이 적다. 작은 일들은 거들떠보지 않는다. 곤란한 일은 바로 피한다. 자기한테 이익이 되고 영향을 주는 일과 사람에 대한 판단이 빠르다.

반면 지혜로운 사람은 어수룩해 보인다. 사람들에게 따지지 않는다. 모든 일을 반듯하게 처리한다. 하는 일이 다른 사람보다 많지만, 반드시 대가를 남보다 더 취하지는 않는다. 곤경과 좌절을 만나도 능히 참아낸다. 이런 두 종류의 사람이 조직에 있을 때는 이런 모습이 된다.

전자는 언제나 정시에 출근하고 정시에 퇴근한다. 퇴근 전 미리 전화를 하고 퇴근 후 즐길 거리 준비를 잊지 않는다. 연장근무를 시키면 화를 낸다.

후자는 30분 당겨 출근해 사무실의 업무를 준비해둔다. 다른 동료들에게 차를 타주고 퇴근도 남보다 뒤에 하면서 사무실의 창문을 체크하고 동료를 도와 물품을 정리하고 쓰레기를 치운 다음 마지막에 퇴근한다. 몇 년 후 두 사람의 운명은 완전히 달라져서 후자는 전자의 상사가 되어 있을 것이다. 잔꾀를 부리는 수많은 사람들은 아마 이런 이치를 깨닫지 못할 테지만 말이다.

규칙의식을 강조하는 또 하나의 목적은 기업 공동의 문화와 분위기를 만들어 기업 특유의 개성을 만들자는 데 있다. 기업이 각자의 규율과 규칙을 가지고 이들 규율과 규칙을 집행하고 관철시키는 과정에서 기업은 서서히 자신의 풍격을 갖추게 된다. 이 풍격이 서서히 기업의 각 분야에 스며들었을 때 이것이 기업의 개성이 되는 것이다. 이 개성이 시장경쟁에서 다른 기업과의 차별성을 드러내게 해주는 것이다.

오늘날의 시장도 사실상 기업의 차이, 기업 개성의 경쟁에 판가름난다. 차별되는 개성을 가진 제품과 기업만이 소비자들로부터 선택받을 수 있다. 규칙의식의 정립은 시장경쟁 측면에서 대단히 중요한 부분이다.

규칙의식은 기업운영의 기본이며 직원들의 핵심역량을 만들어가는 기초수단이다. 군대가 가장 효율적인 조직인 이유는 규칙을 기초로 한 우수한 핵심역량을 가지고 있기 때문이다. 직원들의 역량을 키우고자 한다면 가장 먼저 확실히 규칙의식을 정립시켜야 한다고 해도 과언이 아니다.

최고경영자도
한 명의 직원이다

디테일 경영을 이루기 위해서는 직원들의 규칙의식을 길러야 한다. 그러나 뒤집어서 보면 어째서 직원들이 규칙의식이 부족하거나 없는 것일까? 그것은 경영자가 모범을 보이지 않은 탓이다.

많은 기업들이 상응하는 경영규칙을 내세우고 있지만 경영자를 보면 이들 규칙이 모두 직원들에게만 해당되고 정작경영자 본인은 구속하지 않는다. 이들은 경영규칙 밖에 떨어져 있다. 작은 기업이라면 납득이 갈 수 있다. 작은 기업사장이 경영자면서 소유자라면 사장 자신이 일을 잘하고 못하고가 자기 자신과 가족의 삶에 직결되어 있기 때문이다.

그러나 일부 대기업은 기업의 경영과 소유가 분리되어 있다. 이런 구조에서는 경영자도 기업의 한 직원이다. 당연히 일반직원들과 마찬가지로 기업의 규칙을 따라야 한다. 기업이 경영규칙이 제대로 관철, 집행되지 못하는 중요한 원인 중 하나는 경영자가 스스로 규칙을 지키고 솔선수범하지 않기 때문이다. 결과적으로 직원들도 경영자가 하는 대로 규칙을 지키지 않아 기업의 규칙을 휴지조각으로 만들어 버리는 것이다. 직원들도 이런 분위기에서는 사기가 떨어지고 실천의지가 없어진다.

사실 최고경영자도 한 명의 직원이다. 대통령이나 총리도 국가의 지도자이기 전에 먼저 한 사람의 국민이다. 최고경영자나 대통령 모두 직위다. 직위는 곧 직책이다. 대부분의 기업에서 규칙은 리더들에 의해 가장 먼저 깨진다. 그들에게 규칙은 직원들을 관리하기 위한 것이며 자신은 규칙을 만드는 사람일 뿐 규칙을 따르는 사람이 아니며 경영규칙에 따르지 않을 권리가 있다고 생각한다.

'형罰은 대부까지 올라가지 않는다'는 오래된 말처럼 법

집행에서 계급적 차별을 두는 경영의식은 규칙에 대한 가장 큰 위험요소이다. 기업에서 규칙을 가장 잘 지켜야 할 사람이 첫째 최고경영자이다. 최고경영자의 권력은 스스로 규칙을 지키는 데에서 나온다. 규칙이 최고책임자에게 권위와 지위를 부여한다. 규칙을 깨뜨리는 것은 최고경영자 자신이 경영의 기초를 무너뜨리는 것과 다름없다.

최고경영자는 전체 조직시스템의 중요한 구성부분이다. 최고경영자가 일반 직원과 다른 점은 직위와 시스템 안에서의 위치에 불과하다. 함께 규칙을 집행한다는 점에서는 똑같은 입장이다. 최고경영자의 업무효율은 거의 다른 직원들의 업무효율에서 온다. 다른 직원들이 규칙을 바꾸거나 지키지 않았을 때 가장 피해를 입는 것은 기업이고 최고경영자다. 규칙을 만드는 사람은 마땅히 규칙을 실천하는 사람이 되어야 한다. 규칙의 최대 수혜자가 바로 규칙을 만든 사람일 것이기 때문이다.

소기업은 시장에 의존하고 중견기업은 제도에 의존하고 대기업은 문화에 의존한다. 이렇듯 발전의 단계마다 기업경영의 중점도 달라진다. 기업이 생존기를 넘어서서 일정 규모를 가진 발전기에 들어서면 제도를 갖추는 데 전력을 다해야 한다. 제도를 만들 때는 반드시 제도가 권력보다 중요하다는 인식을 심어야 한다. 경영자를 포함한 어느 누구도 경영규칙에서 예외가 될 수 없다. 제도의 권위는 권위를 가진 사람의 보호를 필요로 한다. 경영자가 제도를 지키지 않는다면 기업의 경영 제도는 휴지 조각에 불과하다.

제도는 기업경영의 마지막 보루다. 제도가 지켜지지 않으면 그 기업은 실행력을 발휘할 수 없다. 최고경영자와 일반 직원은 각자 자기 위치를 통해서 생산에 각자의 영향을 준다. 그러나 규칙을 위반하고 규칙에 따라 일하지 않으면 최고경영자나 일반 직원이나 회사에 부정적인 영향을 주기는 마찬가지다. 장군 한 사람이 나라를 망칠 수 있고 하인 한 사람도 나라를 망칠 수 있다.

경영을 하면서 리더는 경영을 조직과 계획, 감독과 통제로 파악하려는 경향이 많아서 종종 경영의 서비스 기능을 잊는다. 최고경영자는 기업의 가장 중요한 자원을 무엇으로 파악하고 자원을 어떻게 배치해야 하는지 원칙대로 행해야 한다. 규칙이 없으면 일반 직원은 자원과 지지가 필요할 때 어떤 지원을 받을 수 있는지 전혀 모르기 때문에 목표한 업무효율을 내지 못해 기업에 손실을 주거나 자원을 낭비할 가능성이 대단히 높다.

경영자는 누구나 조직원들의 도구가 되어야 한다. 조직원들에게 지지와 자원을 제공하는 사람이어야 한다. 사병이 선봉에서 공격할 때 장관은 사병들에게 충분한 자원과 정신적 지지를 제공해야 하는 것과 마찬가지다. 최고경영자는 직원들이 임무를 제대로 완성할 수 있도록 고객에게 서비스를 제공하는 도구가 되어야 한다.

직원에게는 규칙의식이 필요하고 규칙의식은 훈련이 필요하다. 그러려면 먼저 몇 가지 사소하고 간단한 규칙을 만든 다음 직원들에게 지키게 하는 훈련을 해야 한다. 이런 규칙이 업무효율을 높이는 것과 반드시 직접적인 관련이 있어야 하는 것은 아니다. 간단해서 지키기 쉽고 상식적인 수준에서 이해될 수 있을 정도면 된다. 이 규칙들이 충분히 지켜지고 습관이 되면 직원들의 소질이 되고 기업의 특성이 될 수 있다.

앞에서도 언급했듯 하이얼 그룹은 직원들에게 출퇴근 시 우측통행을 하게 했다. 직원들의 업무효율을 직접 높이는 것은 아니었지만 각자가 몸에 배게 되자 점차 직원들에게 규칙의식이 생기기 시작하면서 직원들의 소질이 되는 한편 하이얼이 다른 기업과 차별화되기 시작했다. 이러한 경영기법을 우리는 디자인 경영의 '훅 단추'라고 부른다.

중국 해방군의 군복 상의에는 훅 단추가 있다. 필자는 이 훅 단추가 어떤 의미를 가지는지 줄곧 궁금했다. 디자인일까? 아닌 것 같다. 다른 나라의 군복에는 훅 단추가 없다. 전투 기능을 늘리기 위해서? 꼭 그렇다고 장담하긴 어렵다. 훅 단추를 잠가서 총을 더 잘 쏜다는 사람은 없다. 결론은 단순히 기술적인 측면에서 보면 아무 의미가 없다는 것이다. 그저 번거로운 일이 하나 더 추가되었을 뿐이다.

군복을 디자인할 때 처음부터 훅 단추가 없었을 수도 있다. 그러나 경영에서는 의미가 있는 일이다. 사병에게 일종의 복종의식을 갖게 하는 것이다. 훅 단추를 단 목적은 요구에 따르도록 엄격하게 실행해서 사병들에게 점차적으로 복종의식을 갖게 만드는 것이다.

훅 단추를 잠그는 일은 누구나 하기 쉽다. 그런 다음 비교적 어려운 몇 가지 규칙을 만들어 실행하게 하는 식으로 사병들에게 자연스럽게 복종의식을 심어주는 것이다.

복종의식이 가진 사병은 칼산을 오르고 불바다에 뛰어들라 해도 결코 물러서지 않는다. 명령과 금지가 엄한 군대만이 강력한 전투력을 가질 수 있다. 따라서 경영에서 '훅 단추'는 겉으로는 무관하지만 내용에서는 경영의 큰 방향과 관련이 있다.

기업경영 과정에서 어떤 일들은 직원들에게 이유를 설명할 필요 없이 어떻게 하라고만 요구할 수도 있다. 일단 실천을 해야 습관이 된다. 습관은 소질이 될 수 있다. 그러면 무엇을 소질이라 하는가? 필자는 소질을 '과학적 내용이 담긴 습관'이라고 생각한다. 습관은 천천히 길러진다.

한 친구가 하이얼의 회의에 갔다가 회의장 배치를 보고 크게 놀란 적이 있다고 말했다. 유리창이 티끌 한 점 없이 깨끗하고 테이블과 의자가 반듯하게 놓여 있는 것은 물론이고 테이블 위에 놓인 종이, 펜 등 물품들조차 일정한 위치에 놓여 있었다. 수평이 딱딱 맞아서 어디서 보든 똑바른 일자로 배열되어 있었다. 놀란 친구가 담당자에게 어떻게 이렇게 정확하게 배열할 수 있느냐고 물었다. 담당자는 지금은 쉽게 하지만, 처음에는 목공소 장인들처럼 긴 줄로 수평을 맞추고 비품들을 일정한 위치에 반듯하게 놓았는데, 오래 하다 보니 습관이 되어 점점 줄 없이도 가지런히 놓을 수 있게 되었다고 말해주었다. 이것이 바로 노자가 말한 '세상의 어려운 일은 반드시 쉬운 일에서부터 시작된다天下難事 必作于易'는 것이다. 단순한 방식으로 복잡한 일을 다스리고 쉬운 방식으로 어려운 일을 해결하면 경영도 이치에 맞게 저절로 잘 풀린다는 것이다.

규칙의식을 기르려면 직원의 의식과 사고방식을 바꿔야 한다. 그리고 의식을 바꾸기 위해서는 먼저 행동을 바꾸어야 한다. 의식보다 행동을 바꾸는 것이 훨씬 더 쉽다. 조작 측면에서 보면 경영은 간단한 일이다. 규칙을 주고 습관이 될 때까지 직원들을 부단히 훈련시키면 된다. 행위를 심은 다음 습관을 수확하는 것, 이것이 교육의 법칙이다.

수많은 경영철학, 경영원칙들도 하나하나가 갖가지 형식

과 수단을 통해서 생겨난 것이다. 경영 형식이 곧 경영의 실체라 해도 과언이 아니다. 사병들의 걸음 맞추기가 곧 전투력이고 구호 외치기가 곧 전투력이듯이 경영의 '훅 단추'가 곧 경영 그 자체이다.

합리적이면 훈련,
비합리적이면 단련

    회사 사장들은 직원들이 뛰어난 실행력을 보여주고 작은 일도 성실하게 하기를 원한다. 디테일한 일을 완벽하게 해내서 이상적인 업무상태에 돌입하기를 기대한다. 그러나 이런 이상적인 상태는 저절로 만들어지는 것이 아니다. 직원의 소질, 기업 문화 및 그에 상응하는 분위기와 환경들로부터 만들어지기 때문에 훈련이 필요하다.

    실행력은 경영자가 충분히 관심을 기울여야 하는 영역이다. 또한 최근 몇 년 사이 가장 관심을 받아온 말이기도 하다. 상당수 경영자들이 직원들의 실행력이 부족해서 자신들의 요구를 채워주지 못한다며 불만을 터뜨린다.

경영자들의 말이 맞고 실제로 그런 상황이라고 하더라도 제품과 서비스 품질에 대한 책임을 가장 크게 져야 하는 사람은 바로 경영자이다. 간단하게 말해서 직원 채용과 배치, 교육과 업무 분장, 표준화 등은 모두가 경영자 본인이 정한 것이다. 그래서 경영에서 생기는 문제에 있어 경영자에게 돌아가는 책임은 크다.

직원이 자기 업무를 정확하게 완성하려면 교육을 받아야 한다. 교육은 기업의 기초적인 경영업무다. '리理'를 '관管'보다 우선하고 과정을 제도보다 중시하는 경영철학은 모두 직원교육의 필요성을 강조한다. 반드시 부서와 직책에 대한 요구, 업무표준에 맞추어, 기업이 설정한 목표에 맞추어 직원들 개개인에게 딱 맞아떨어지는 교육을 실시해야 한다.

그렇지 않으면 기업은 경영자가 바라는 뛰어난 실행력을 발휘할 수 없다. '무대 위 1분을 위해, 무대 아래서 10년을 노력한다'는 말처럼 공연을 잘하려면 반드시 힘겨운 기술훈련을 거쳐야 한다. '천 일 동안 병사를 훈련해야 한 번 전쟁에 내보낼 수 있다'는 말이 있듯이 전투력이 강한 군대를 만들려면 엄격하게 훈련시켜야 한다.

기업도 마찬가지다. 실행력을 가진 직원을 원한다면 반드시 엄격하게 훈련을 시켜야 한다. 직원이 자기 일을 정확하게 하기를 바란다면 반드시 직책에 대한 요구, 업무표준에 따라 맡은 바 임무를 익숙하게 해낼 때까지 엄격하게 훈련시켜야 한다.

다른 한편으로 격렬해지는 시장경쟁도 조직의 협력을 강화시켜야 할 이유다. 조직 구성원 간의 협력에는 적응과정이 필요하다. 교육은 이 적응과정에서 가장 중요한 부분이다. 조직의 협력을 꾀하기 위해서는 과학적이고 효율적인 교육을 통해 조직의 전투력을 높여야 한다.

현재 점점 더 많은 기업들이 교육에 공을 들이고 있다. 반가운 일이다. 그러나 여전히 많은 기업들이 직원에 대한 교육을 바라지 않는다. 직원들이 다른 회사로 옮겨갈지 모른다는 이유로 교육을 제공하지 않는다.

이것은 잘못된 생각이다. 직원 교육이 본래 기업경영 원가에 계상되어야 하는 것이기 때문이다. 이들은 바라는 것은 직원 교육에 대한 투자가 아니라 숙련된 직원을 찾는 것이다. 사실 이것은 눈앞의 작은 이득만을 좇는 얄팍한 심리이자 다른 회사들의 이익을 가로채려는 발상이다. 뿐만 아니라 어떤 회사 사장들은 인력자원에 들이는 자본을 철저히 낮추고 직원 임금을 최대한 낮춘다. 이것은 한 치 앞을 내다보지 못하는 발상이다.

인력자원은 성장자원이다. 인력자원에 투입하는 자본이나 설비에 투입하는 자원이나 본질적으로 차이가 없다. 둘 다 투자다. 인력자원은 증식할 수 있는 장기자원, 핵심자원, 전략자원이다. 설비는 점차 감가되고 도태되는 자원이라는 점이 다를 뿐이다. 기업은 선진적인 설비를 금방 들여와 설비등급을 높일 수 있다. 하지만 직원 소질을 높이는 일은 하루아침에 되는 것이 아니라 한 단계씩 높여가야 하며 교육이 곧 직원 소질을 높이는 기능을 맡아 하게 된다.

어떤 기업들은 직원 교육을 하지 않거나 제대로 하지 않는다. 이것은 기업이 장기계획을 가지고 있지 않아서 직원에게 무엇을 어떻게 교육해야 하는지 모르기 때문이다. 장기적이고 원대한 전략과 계획이 없으니 어떻게 시장을 키워

야 하는지 모르고 브랜드 의식도 없는 기회형 기업이라 할
수 있다.

직원 교육은 세심하게 설계되어야 한다. 부서별 과제를
마련하고 부서와 직책에 필요한 능력을 만족시키는 것부터
시작한다. 그 다음 기본기능에 대한 교육을 실시한다. 그런
다음 순차적으로 더 높은 단계의 교육을 진행해야 한다.

현재 많은 기업들이 교육을 중시하는 것은 좋은 현상이
지만 교육에도 디테일 경영이 필요하다. 많은 기업들이 실
시하고 있는 교육을 보면 교육 목표, 과정 설계, 수강생들에
대한 요구 등 모든 방면에서 기본적인 계획이 결여되어 있
어 몇몇 과정들을 되는대로 만들어놓고는 규정된 교육시간
을 채우면 교육을 완성한 것으로 치고 있다. 심한 경우, 교
육담당 부문이 교육경비를 어떻게 쓰는지도 모른다.

하이얼 그룹의 장루이민도 이렇게 말했다.

"간단한 일 하나하나를 다 잘하는 것은 간단한 일이 아니
다. 평범한 일상 하나하나를 다 잘하는 것은 평범한 일이 아
니다."

중국 사회의 대다수 사람들이 대다수 시간에 하는 일은

모두 작은 일들, 간단한 일들이다. 그러면 각자가 하는 일에서 전문가가 된 사람은 얼마나 될까? 분명히 많지 않다. 대다수 사람들은 일을 할 때 집중하지 않고 인내심이 없다.

사소한 일을 하기 싫어하고 세심하고 철저하게 하지 않는다. 그렇기 때문에 이들은 자기가 하는 일을 줄곧 단순하게 반복하고 있다. 디테일한 일을 잘하면 당연히 얻을 수 있는 발전의 기회를 놓치고 있다.

간단한 일이지만 그 간단함 뒤에는 아주 복잡한 내용이 있다. 일을 잘하고 그것도 간단한 일을 오랫동안 잘하는 것은 쉽지 않다.

1965년, 이우에 가오루가 산요전기 영업부장이 되었다. 맡은 업무는 제품 판매, 그는 직책을 맡자마자 실제 판매현황을 살피고 고객과의 유대도 다지면서 판매를 늘리기 위해 회사 소속 소매점을 순회방문하기로 결정했다.

이우에 가오루가 어느 소매점을 방문했을 때였다. 사장과 몇 마디 인사를 나눈 뒤 판매상황에 대해 이야기를 나누고 있었다. 한 남자아이가 전구를 사러 왔다. 이우에 가오루는 대화를 멈추고 사장 옆에 서서 사장이 어떻게 장사를 하는지 지켜보았다. 사장이 전구를 아이에게 건네주고 돈을 받고 거스름돈을 내주니 아이가 갔다. 더 이상 간단할 수가 없을 만큼 간단했다.

"사장님, 방금 왔던 아이가 어느 집 아입니까?"

"모르죠. 이 근처에 살걸요."

"늘 이런 식으로 장사를 하시나요?"

"그렇죠."

"이렇게 하면 절대 발전하지 못합니다. 좀 전에 아이가 왔을 때 왜 전기용품을 권하지 않았습니까?"

이우에 가오루가 결국 사장에게 물었다.

"전구를 팔았잖아요? 돈도 받았고요. 그럼 부장님 같으면 어떻게 판다는 겁니까? 한번 말씀해 보시죠."

사장이 발끈해서 말했다.

"죄송하지만, 저라면 이렇게 했을 겁니다. 아이가 와서 '아저씨, 전구 하나 주세요.' 할 때 제가 모르는 아이라면 바로 말을 거는 거죠. 어디 사는지 누구랑 사는지 물어보고 듣기 좋은 소리도 몇 마디 할 겁니다. 몇 학년이냐, 키가 크구나……. 아이가 좋아하는 기색이면 내친 김에 아빠는 무슨 일을 하는지, 형제는 몇인지도 물어볼 겁니다. 그러다 보면 학교를 졸업하고 은행에서 근무하는 누나가 있다는 얘기도 듣게 될지 모르죠.

이런 집안 얘기를 끌어내면서 전구를 팔죠. 아이가 가고 나면 바로 옷을 갈아입고 아이 집을 방문합니다. 아이 엄마를 만나서 이렇게 얘기합니다. '우리는 모모 전기상점입니다. 방금 아드님이 전구를 샀는데 잘 쓰고 계신지 궁금해서요.' 당연히 잘 쓰고 있다고 할 테지요. 저는 다시 이야기를 끌어갈 겁니다. '아드님한테 듣자니 혼기가 찬 누나가 있다고 하더군요. 제가 어떤 고객에게 제품을 갖다 드렸더니 어디 참한 아가씨 없는지 알아봐 달라고 하시던데, 혹시 따님이 사귀는 남자친구가 있나요?' 이럴 때 딸 가진 부모라면 이런 대화가 불쾌할 리 만무하고 오히려 관심이 생겨서 분명 이렇게 말할 겁니다. '아뇨, 아직 없어요. 어디 괜찮은 총각 있으면 말씀 좀 잘해 주세요.' 그럼 저는 '알겠습니다. 잊지 않고 있다가 꼭 알아보겠습니다. 저희 상점은 세탁기, 컬러 TV, 냉장고 등 종류별로 품질이 뛰어난 가전제품을 다 갖추고 있습니다. 따님이 결혼하시게 되면 저희 상점에서 혼수를 다 구입하실 수 있습니다.' 이렇게 하면 당장 구매가 이루어지지는 않더라도 적어도 아이가 전구를 사러 온 기회를 이용해 어른들에게 구매를 유도하면 이 상점의 잠재고객이 될 가능성이 크다는 겁니다."

사장은 갑자기 크게 깨달은 듯 말했다.

"참 그렇군요. 장사를 이렇게 활기차게 할 수 있군요. 다음엔 저도 그렇게 해보겠습니다."

이우에 가오루는 고객 한 사람 한 사람을 기회로 삼아 그 뒤에 있는 잠재력과 판매기회를 개척해야 한다고 생각했다. 이런 방식으로 하면 여러 다양한 판매방법을 생각해내서 구매할 생각이 없었던 고객에게도 구매욕을 불러일으킬 수 있고 끊임없이 자기 제품을 판매할 수 있다. 이것이야말로 진정한 판매다.

다른 소매상들과 확연한 차이가 나는 이우에 가오루의 방식은 많은 이들에게 영향을 주었다. 이것은 쌀을 팔아 기업을 일으킨 왕융칭이 배송 서비스를 추가하고 나아가 집집마다 쌀독 용량까지 기록했던 것과 방법은 다르지만 동일한 효과를 냈다는 점도 흥미롭다.

　월마트의 샘 월튼도 이렇게 말했다.

　"자기가 파는 상품이 최종적으로 어디로 가는지 모른다면 소매를 한다고 할 수 없다."

　소매업보다 더 간단한 일도 없다. 하지만 이 분야에서 경지에 이르렀다고 자부할 사람이 몇이나 될까? 1980년대에 우리들 중 누구도 한 소매업회사의 영업액이 전 세계 1위를 기록하리라고는 상상조차 못했다. 하지만 디테일을 중시하기로 이름난 월마트는 그 일을 해냈다.

　어떤가? 간단하다. 그러나 결코 쉬운 일이 아니다.

　중국에는 '미불유초 선극유종靡不有初 鮮克有終'이라는 오래된 교훈이 있다. 그 뜻은 처음에 잘하는 이는 많아도 끝까지 잘하는 이는 드물다는 뜻이다. 많은 사람이 시작을 하지만, 끝까지 잘 버티는 사람은 드물다. 장루이민은 이런 점을 누구보다 잘 알고 있었다. 그는 이렇게 말한다.

　"가령 일본인을 교육시켜 매일같이 테이블 6개를 닦게 하면 일본인은 틀림없이 시킨 대로 한다. 하지만 중국인은 처음에는 6개를 닦다가 천천히 5개, 4개, 그러다 나중에는 아예 닦지 않는다."

그의 관찰력은 정곡을 찌른다. 중국인의 가장 큰 흠은 성실하지 않고 엉성하게 하고 매일 해야 하는 일도 가끔씩 건너뛴다. 이 병이 만성화되면 끝은 뻔하다.

잭 웰치는 이렇게 말한다.

"일단 어떤 일을 하겠다고 결연하게 생각했다면 끊임없이 그 생각을 반복하라. 그렇게만 하면 마침내 그 생각이 현실이 된다. 단련, 견지, 반복. 이것이 당신을 성공으로 이끄는 보물이다. 이것들을 오랫동안 견지하면 반드시 최고의 경지에 이르게 될 것이다."

디테일을 중시하고 작은 일을 디테일하게 잘하려면 이것이 습관이 되게 해야 한다. 이것이 오래오래 쌓이다 보면 저절로 자기가 하는 일에서 크게 발전할 수 있다. 잠시 하다가 마는 사람은 당연히 이런 경지에 이를 수 없다. 마오쩌둥이 한 말이 있다.

"좋은 일을 얼마간 하는 것은 어렵지 않다. 어려운 것은 좋은 일을 평생토록 하는 것이다."

한때가 아니라 평생 작은 일 하나하나를 잘한다는 것은 대단히 어려운 일이다. 성공이란 하루하루, 한 달 한 달, 끊임없이 쌓아가는 과정이기 때문에 운 좋게 한 번의 일로 성공하겠다는 발상으로는 분명 실패하고 만다.

중국 무술 '쿵푸'도 매일 기본동작을 훈련한다는 뜻이다. 이름 자체에 매일 익힌다는 뜻을 담고 있다. 흔히 위대한 기적은 일상적인 자제와 무료할 정도의 견지에서 나온다고들 말한다.

하이얼의 경영법으로 유명한 OEC Overall Every Control and Clear도 그 내용을 들여다보면 간단하다. 한 사람이 매일같이 하는 하나의 일에 대해서 전방위적으로 통제하고 정리해서 '하루의 일을 하루에 마치며 하루 일의 품질을 1%씩만 높인다日事日畢 日清日高'는 것이다.

한때 많은 기업들이 이 방법을 배워서 하이얼의 경험을 자기 기업에 그대로 옮기고 싶어했지만 하이얼처럼 오래 하기가 불가능하다는 걸 깨닫고 다시 예전으로 돌아갔다. 실패한 이유를 물었을 때 대다수 기업들이 이렇게 말했다.

"너무 어렵다. 길게 실행할 방법이 없다. 밖에서 보면 하이얼의 경영철학은 그다지 선진적이지 않다. 이 정도의 경영철학은 경영서들에서도 얼마든지 볼 수 있다. 많은 기업들이 규칙과 제도를 만들어 내걸지만 어려움이 닥치면 중도에 포기하고 만다. 하지만 하이얼은 이런 것들을 실제 경영에 운용할뿐 아니라 굳건하게 견지해나간다. 성공의 비밀이 바로 여기에 있다."

시작과 끝을 다 잘하는 것, 끝까지 견지하는 것, 이 2가지는 디테일 경영의 기본적인 요구다. 직원이 커리어를 발전시키고 싶다면 업무 속에서 자신을 단련하고 어려움과 스트레스와 고통을 자신을 갈고 닦는 연마석, 전진을 위한 보조추진장치로 삼아야 한다.

직업인에게 직업수준을 높이는 것은 교육으로 목표를 이룰 수 있다. 그러나 직업적 감각과 직업상 비밀 등은 단련을 통해 몸에 익혀야 한다.

군대에서 훈련을 하면 교관이 3분 안에 샤워와 머리 감기, 옷 입기, 군장을 마치라는 식의 불합리한 명령을 내리고 심지어 이유 없이 벌을 내릴 때가 있다. 당연히 신병들은 이해할 수도 없고 받아들이기 힘들다. 하지만 오래 훈련을 받으면 모두가 훈련이 잘된 군인으로 거듭나면서 능력이 뛰어난 직업인이라는 강렬한 인상을 준다.

프랜시스 베이컨은 이렇게 말했다

"생활의 어려움이 인생의 재물이라면 업무 중의 단련은 삶에 있어 진보의 초석이며 재산이자 수익이자 기회가 된다."

—

내리막길과
오르막길은 하나의 길이다

 가장 적용하기 어려운 규칙은 '정도, 한도'이다. 완전하고 전면적이며 어디에나 적용되며 모두가 맞는 경영이론은 존재하지 않는다.

 경영은 지극히 복잡한 일이다. 사람도 추측하기 어려울 만큼 복잡하고 사회는 그보다 더욱 복잡하다. 그럼 사람을 사회에 협력하게 하고 인력과 자원을 융합시켜야 하는 경영은 당연히 그 열 배로 복잡하다. 규칙의 경영도 있고 인위적 경영도 분명 존재한다. 정량定量의 경영도 있고 정성定性의 경영도 분명 존재한다. 강성의 경영도 있고 당연히 연성의 경영도 존재한다. 일과 사람의 정태와 동태 역시 상대적이며, 변화과 불변 역시 양면적이며 규율이 반드시 전부를 장악할 수 있는 것도 아니다.

미국 남북전쟁 시기, 로스웰이라는 탈영병이 군사재판에 회부되어 사형을 언도받았다. 링컨은 그를 용서해주라는 편지를 썼고 그 글에 적힌 한 마디는 지금도 유명하다.

"나는 한 젊은이를 총살시키는 것이 본인에게 결코 교훈이 될 수 없다고 생각합니다."

전쟁 시기에 탈주병에 대한 처벌은 규칙이다. 강성 규칙이다. 그러나 링컨은 특별히 용서했다. 이것은 예술, 즉 연성이다.

제조업계에서 시간, 품질, 자본의 효율은 동시에 달성할 수 없는 목표다. 품질 개선은 대체로 고비용을 요구한다. 시간을 줄이면 고비용과 품질 하락을 동반한다. 이처럼 시간, 품질, 자본은 '묘한 삼각형' 구도를 이룬다. 자동차 유리창문을 완전히 닫으면 주행할 때 소음이 적은 반면 창문을 닫는 데 그만큼 더 힘이 드는 것과 마찬가지 이치다.

자동제어, 우주항공, 특수소재 관련 제조사인 하니웰은 납품 주기를 일 단위가 아니라 시간 단위로 계산한다. 납품할 제품에 포함되는 모든 구성품은 2시 전에 완제품 창고에 입고시킨다. 3시에 차에 화물을 싣고 4시에 세관 창고에 도착하며 5시에 화물을 실은 비행기가 유럽을 향해 날아가서 그 이튿날 정확한 시간에 판매상이 있는 시장에 내려놓는다. 그러나 이런 정도의 하니웰도 세계 경영계에서 감히 1위라 말하지 못한다.

2001년 일본의 통신 및 전자기기 전문업체 NEC의 사사키 하지메 회장은 베이징의 화훙 NEC를 방문한 자리에서 이 회사가 쓰고 있는 자본관리시스템의 디테일에 감탄을 금치 못하고 일본으로 돌아가 직원들의 업무 단위를 1일 8시간에서 15분 단위로 바꾸었다.

내리막길과 오르막길은 사실 같은 하나의 길이다. 부족함을 안다면 다른 한편에는 잘할 수 있다는 자신감도 존재한다. 경영자들은 지금까지의 방임형 경영을 극복하고 디테일 경영으로, 기업은 시장에서만 이윤을 만들 수 없다. 경영에서의 효율과 이윤을 지향해야 한다.

우리는 이 책이 그러한 사고방식의 변화를 이끌어내기를 바란다.

그리고 한 가지 부탁드리고 싶은 말은 학습과 토론은 글이나 말을 제멋대로 일부분만 끊어 사용해서는 안 된다는 것이다. 구름만 봐서는 비가 올지 어떨지 알 수 없는 일이다.

예컨대 재고 제로 경영에서 보았듯이 재고 제로라는 것은 재고가 제로라는 것이 아니라 제로에 가깝게, 즉 지나친 재고를 줄인다는 뜻이다. 디테일이 성패를 결정한다는 것은 디테일만이 성패를 결정짓는 유일한 방법이라는 뜻이 아니다. 전략, 과학기술, 인재의 중요성은 새삼스러울 것이 없다.

소통은 경영의 기초이며 처세의 기본이 되어왔다. 우리는 독자들의 비평을 진심으로 기다린다. 설사 논쟁이 붙더라도 역시 환영한다. 그래서 독자 여러분과 함께 배우고 토론하며, 연구하고, 경험을 모으고, 디테일 경영을 잘하게 되기를 희망한다.

베이징에서 왕중추

디테일
경영자만이
살아남는다

초판 1쇄 발행 2011년 7월 15일
초판 2쇄 발행 2011년 7월 20일

지은이 왕중추, 우훙뱌오, 류싱왕
옮긴이 허정희
펴낸이 김선식

1st Creative Story Dept. 변지영, 신현숙, 양지숙, 이정, 송은경
Creative Design Dept. 최부돈, 황정민, 박효영, 김태수, 손은숙, 이명애
Marketing Dept. 모계영, 이주화, 김하늘, 정태준, 신문수
Communication Team 서선행, 박혜원, 김선준, 전아름
Contents Rights Team 이정순, 김미영
Management Team 김성자, 김미현, 김유미, 정연주, 서여주, 권송이

펴낸곳 (주)다산북스
주소 서울시 마포구 서교동 395-27번지
전화 02-702-1724(기획편집) 02-703-1725(마케팅) 02-704-1724(경영지원)
팩스 02-703-2219
이메일 dasanbooks@hanmail.net
홈페이지 www.dasanbooks.com
출판등록 2005년 12월 23일 제313-2005-00277호

ISBN 978-89-6370-603-0 03320
구매인증번호 11BK07P533